中国文化遗产
China Cultural Heritage

文化遗产里的
中国故事

万里走单骑

辛丑季

To My Motherland

单霁翔

著

中国大百科全书出版社

图书在版编目（CIP）数据

万里走单骑．辛丑季 / 单霁翔著．—北京：
中国大百科全书出版社，2022.7
（文化遗产里的中国故事）
ISBN 978-7-5202-1160-4

Ⅰ．①万⋯ Ⅱ．①单⋯ Ⅲ．①文化遗产 -
中国 - 通俗读物 Ⅳ．① K203-49

中国版本图书馆 CIP 数据核字（2022）第 116605 号

万里走单骑·辛丑季
著　　者：单霁翔

出 版 人：刘祚臣
策 划 人：蒋丽君
责任编辑：刘　杨　杜晓冉
特约编审：陈　光
责任印制：邹景峰　　　　　　装帧设计：吾然设计工作室
出版发行：中国大百科全书出版社
地　　址：北京阜成门北大街 17 号　　邮政编码：100037
电　　话：010-88390718
印　　制：小森印刷（北京）有限公司
字　　数：200 千字　　　　　　印　　张：8.75
开　　本：880 毫米 ×1230 毫米　1/32
版　　次：2022 年 7 月第 1 版　　印　　次：2022 年 7 月第 1 次印刷
书　　号：ISBN 978-7-5202-1160-4
定　　价：98.00 元
审 图 号：GS 京（2022）0420 号

序
寻找与守望

　　世界遗产是全世界最有价值、最值得全人类共同保护的存在。1978 年联合国教科文组织下属的世界遗产委员会根据《保护世界文化和自然遗产公约》，公布了第一批世界遗产，有 12 个遗产项目被列入《世界遗产名录》。中国在 1985 年加入了这个公约，1987 年有了第一批世界遗产。2021 年 7 月，第 44 届世界遗产大会在福州召开。在本届大会上，"泉州：宋元中国的世界海洋商贸中心"申遗成功。至此，中国拥有了 56 处世界遗产，其中文化遗产 38 项，自然遗产 14 项，文化与自然双重遗产 4 项。当然，"申遗"不是最终目的，"世界之最"也不是我们追求的目标。

　　2003 年 1 月 19 日，陕西宝鸡眉县杨家村的 5 位农民在村北生产劳动，取土的时候，一镐头下去，刨出了一个大洞，向里探看，洞内似乎是一些青铜器文物。几位农民就此停工，讨论怎么办。大家觉得，这是我们祖先留下的财富，不能把它们分掉，也不能卖给那些走街串巷"淘宝贝"的贩子，应该把它保护起来、交给国家。于是他们保护现场，联系考古部门，最终从这里出土了27件文物。这些文物件件都是国宝级的青铜器，每件都有铭文记载着当时在这个地区单氏家族的历史。这样的故事感动了我们，而且它并不是孤例。公众对文化遗产保护有着知情权、参与权、监督权和受益权，这一点十分重要。要把更多的文物保护、文化遗产保护的故事告诉公众，让更多的人参与到这项事业中来，这才是我们要追求的目标。因此，当《万里走单骑》节目组提出"让世界遗产'破圈出道'"的口号，并邀请我参加节目录制时，我很愿意为此出一份力。这档节目致力于世界遗产的大众传播，唤起了我在文化遗产工作中的很多回忆。

十多年前我在国家文物局工作，当时我们想做成三件事：一是设立一个文化遗产日；二是确定一个文化遗产的标志；三是创作一首宣传文化遗产工作的公益歌曲。2005年的全国政协十届三次会议上，我与樊锦诗、冯骥才等40余名政协委员联名提案，建议设立文化遗产日。经国务院批准，自2006年起每年6月的第二个星期六，大家来宣传文化遗产保护理念、参与文化遗产保护活动。这是我们自己的节日，后来调整为"文化和自然遗产日"。提到中国旅游标志，大家都知道是铜奔马，很多人习惯称之为"马踏飞燕"。我们文化遗产也应当有自己的标志。当新世纪第一缕曙光照到中华大地的时候，在四川成都的金沙遗址出土了一件"四鸟绕日"金器。中间1个太阳向四周喷射出12道光芒，围绕太阳有4只神鸟逆时针飞翔。"四鸟绕日"既端庄又具动感，且有美好而深刻的寓意，我们把它作为中国文化遗产的标志。2005年，我陪同文化部部长孙家正同志出差，与他说起想要组织创作一首文化遗产公益歌曲的想法，他很支持。我正想着要从请人作词开始，结果下飞机的时候，孙家正部长说，他已经写好了第一段歌词。他的歌词题目就是"寻找与守望"。

寻找与守望
（歌词节选）

拨开岁月的迷雾，远离现代的喧嚣；
攀缘峭立的山崖，踏遍荒草萋萋的古道。

寻找源头，寻找根脉，寻找回家的小路，

守望初衷，守望未来，守望精神的家园，
守望一个民族的骄傲。

《万里走单骑》系列书写在节目录制的过程中。书中记录了我们穿上布鞋，在遗产地"寻找与守望"的故事，也记录了一个个与文化遗产有关的"寻找与守望"的故事。每次的出发都是为了寻找。寻找文明的起点，寻找祖先的创造，寻找我们回家的路，也寻找我们不忘初心的意志。找到以后，我们要守望，要保护好我们寻找到的这些文化遗产，让它们能够世代传承下去。这就是我参加《万里走单骑》节目的初衷，也是系列书出版的意义所在。

前言
走进世界遗产，我们都是少年

一

关于什么是"老"，钟南山院士曾说，年龄不是衡量"老"的标准。若一个人不想学新东西了，他就老了。这个观点我十分赞同。我的老师吴良镛今年已经百岁高龄，仍对未来充满希望，并以"老骥伏枥，志在千里，拙匠迈年，豪情未已"自勉。

在故宫博物院工作时，我就感受到当下的年轻人越来越喜欢古老的紫禁城、正青春的故宫博物院。故宫博物院与年轻人对话的通道，被我们以展览、节目、书籍、文创、新媒体等互动方式打开，让年轻人得以更多地关注故宫、走进故宫、享受故宫文化、把故宫文化带回家。于是，古老与年轻，不再是沟壑相隔、遥遥相望，而是爱敬相融、携手同行。

故宫只是中国众多世界遗产中的一员，广袤的中华大地如同一个庞大的遗产宝库，还遍布着无数熠熠生辉的其他宝藏，它们也需要被关注、被发掘、被认知和被理解。可喜的是，在今天，年轻人关注中华优秀传统文化的热情日益高涨、蓬勃奔涌。

而就世界范围来看，世界遗产往往以其历史厚重性和专业门槛高而鲜为人知，又因其所凝结的突出普遍价值和独特地位而亟待为人所知。如何使世界遗产摆脱曲高和寡的"高冷范儿"，在知识输出和大众理解之间建立桥梁，在历史追溯和当代需求之间建立联结？这是我们要考虑的问题。

二

我长期在文化遗产保护行业中工作，深刻地感受到，对待文化遗产，保护不是目的，利用也不是目的，真正的目的是传承——传承的对象是当代和未来。而青年，正是整个社会力量中最积极、最有生气的力量。

让更多的年轻人透过世界遗产这扇窗口，了解、认识、爱上中华优秀传统文化，并成为坚定的守护者和传承者，是时代交给遗产工作者的命题，也是我们必须践行的时代使命。

事实上，世界遗产领域一直都在关注年轻群体及相关话题。自1995年开始，每届世界遗产大会同期举办一次世界遗产青年论坛，聚焦年轻人的关注和思考。面向全球的世界遗产教育项目、志愿者项目和各类奖项设置，也都将年轻人作为主要目标群体之一，开展活动、总结经验、推荐做法。

三

鉴于此，我们把《万里走单骑》节目第二季的遗产向导组合设定为"万里少年团"。一方面，面对源远流长、博大精深的中华文明，我们有着"我们都是少年"的敬畏之心；另一方面，考虑到各成员的年龄、阅历等方面的差异，为了让代际间的对话有增强共鸣的契机，我们鼓励年轻人用自己的视角表达对世界遗产的看法，也为世界遗产的话题传播带来更多可能。

《万里走单骑》节目第一季播出后，收到很多好评，我曾说我们要一直行走下去，从"万里"走到"千万里"。随着2021年"泉州：宋元中国的世界海洋商贸中心"成功申遗，中国已经有56处世界遗产，世界遗产预备名单中还有众多项目等待申遗，可见有丰富的遗产资源可以支撑我们一直行走下去。

对于我自身而言，虽然这12处遗产地我因为工作都去过，也参与到一些保护、规划工作中，但通过这次的行走、交流和体验，又有了更深入的了解，是一个非常好的学习的过程。

四

在我心中，我将这一册小书的名字命名为"辛丑季"，这也是一个古老与年轻的组合。"辛丑"是古老的干支纪年。在故宫工作的每一年，我都会出版一本记录当年文化遗产工作的文集，从2012年的"壬辰集"持续到 2019 年的"己亥集",形成了《平安故宫·思行文丛》系列。

如今,我期待"文化遗产里的中国故事"也能像这样持续讲述。"季"是时下综艺节目、系列剧常见的编号方式,这个字在甲骨文中也是"上禾下子"的结构,指代幼小的禾苗。果实孕育于四季更替,希望则孕育在年轻人的心中。

我们知道,今天的年轻人有自己的知识储备、思考方式、思维特点和信息获取渠道,他们早已不满足于灌输和教科书式的说教。所以,我们要开启的是他们遨游在世界遗产中的文化趣旅、哲旅和新旅。

2022 年 5 月

目　录

序　　寻找与守望

前言　走进世界遗产，我们都是少年

第一站
洛阳·丝绸之路：
长安－天山廊道的
路网

遗产地档案

遗产名称	洛阳·丝绸之路：长安－天山廊道的路网
遗产位置	河南省洛阳市
列入世遗时间	2014 年
遗产种类	文化遗产
遗产地边界范围	遗产申报区范围：1315.62 公顷 缓冲区面积：13484.67 公顷

丝路西行，运河东来

时间：2021 年 10 月 21 日上午
地点：汉魏洛阳城

　　《万里走单骑》第二季的世界遗产之旅，从一碗洛阳牛肉汤开始。瘦肉、薄饼、肥汤水，是当地人喝汤讲究的"三美"。在洛阳喝汤，不仅能品尝到新鲜美味，也能感受到历史的厚重，可谓"一汤一世界"。

　　中原自古物产充足，这碗汤的底料自然也极丰富：北魏孝文帝迁都洛阳，实现民族大融合，各民族的佐料都可入汤；陆上丝绸之路的东方起点就在洛阳，月氏人、波斯人、粟特人都来洛阳做生意，"胡食"也融合在汤里；南方城市的物料通过大运河来到洛阳，融入汤中；大运河又连接海上丝绸之路，东南亚地区的佐料也可为这碗汤增色、提味。

　　在某种程度上，这碗汤是中华文明的赓续，也是世界文化交融的缩影。洛阳拥有龙门石窟、大运河（回洛仓遗址和含嘉仓遗址）、丝绸之路：长安－天山廊道的路网（汉魏洛阳故城遗址、隋唐洛阳城定鼎门遗址、新安县汉函谷关遗址）3 项 6 处世界遗产。关于洛阳和大运河的故事，我在《大运河漂来紫禁城》中已有讲述。我们常说要让世界遗产"活"起来，在洛阳这座 13 朝古都，厚重的历史文化不仅"活"在一处处世界遗产中，更传承在现代人衣、食、住、行的每个细节中。我和周韵、肖央、牛骏峰组成"万里少年团"，我们这两天的文化行走就从一碗汤开始，又以一场服装秀结束。

喝汤后，我们来到了有着600多年建都史的汉魏洛阳城，这里是东汉、曹魏、西晋、北魏等多个朝代的国都或王都。从1962年开始，中国考古学家就在这里进行长期而全面的调查发掘，最终发现汉魏洛阳城的规模超过了后世的隋唐长安城和明清北京城，是目前世界上发现的规模最大的一处古代都市。

丝绸之路上的驼铃

2014年6月22日，汉魏洛阳城作为"汉魏洛阳故城遗址"，成为"丝绸之路：长安－天山廊道的路网"的一处遗产点，被列入《世界遗产名录》。在丝绸之路上，"汉长安城未央宫遗址""汉魏洛阳故城遗址"和"唐长安城大明宫遗址"这3处大型遗址完整贯穿了12个世纪（公元前2世纪~公元10世纪），分别代表了丝路开拓、发展、鼎盛3个时期的东方文明。2021年，在中国现代考古学诞生100周年之际，汉魏洛阳故城遗址入选"百年百大考古发现"。

铜驼大街是汉魏洛阳城的南北中轴线，开创了中国古代都城轴线建筑的先例。后世的隋唐长安城、宋代开封城、明清北京城都延续了中轴线规划建设的传统。中轴线不仅对中国后世数千年的都城规划影响深远，甚至影响到日本奈良和京都等东亚地区的城市形态。

这条街宽约 40 多米，北接皇宫，南连大市，两侧对称分布着衙署和寺庙等，商贾云集。因宫城阊阖门外的大街两侧有一对铜驼而得名。

陆游有"只愁又踏关河路，荆棘铜驼使我悲"的诗句。这里"荆棘铜驼"的典故就和这对铜驼有关。《晋书·索靖传》记载，"靖有先识远量，知天下将乱，指洛阳宫门铜驼，叹曰：'会见汝在荆棘中耳！'"。以和铜驼相见于荆棘来比喻痛失家国之情，可见铜驼已有政治权利的象征。还有学者以此为线索，考证西晋"八王之乱"后的永嘉南渡，并由"避乱江南"讨论政治、经济和文化中心从中原南下的历史，此为后话。

至少在初唐以前，汉魏洛阳城都担得起"国际性商贸大都市"这个时髦头衔。而都城的主干道以骆驼命名，体现了骆驼在商贸往来、物资交流中的重要作用，也反映出洛阳作为陆上丝绸之路的东方起点，交流东西方文化的悠久历史。

汉代的甘英是第一个走过丝绸之路的文化使者。丝绸之路上万千米的路程，地形险峻复杂，而其间吐鲁番盆地最高气温可达50℃，克孜勒库姆沙漠以及沿途高山峻岭在冬天却达零下 40℃。我们通过在沙盘上模拟行走体验了甘英"万里走单骑"的勇气和艰辛。

丝绸之路上既有贸易往来和文化交流，也有无数的精彩故事。这其中《丝路山水地图》回家的故事值得一提。《丝路山水地图》是明朝嘉靖年间的皇家地图，全长 30.12 米，描绘了东起嘉峪关西至天方城（今麦加）的辽阔地域范围，用汉字标注了丝绸之路上 211个源自 9 种语言、音译而来的地名。之前国际学术界一直认为中国人不会绘制地图，地理知识都是传教士教的。这幅地图由中国人绘制、标注，以实物证明了在西方地图传入中国之前，中国对世界地理，特别是对丝绸之路沿线已有清晰的认识。这幅珍贵的作品由私人收藏家收藏，故宫博物院一直希望购回国宝，但受经费限制未能成功。2017年，许荣茂先生得知此事后，出资1.33亿元将《丝路山水地图》购回，无偿捐赠给故宫博物院，让国宝回家。在此之前，许先生听了我的介绍，了解到养心殿维修保护需要8000万元资金，也曾主动慷慨解囊，那是在2016年我们第一次谋面。可见这位慈善家对于中国文化遗产传承与保护的赤子之心。

已经消失的遗址
应不应该复建？

时间：2021年10月21日下午
地点：隋唐洛阳城定鼎门、应天门

　　在大众视野中，似乎隋唐洛阳城比汉魏洛阳城更"出名"一些。然而汉魏洛阳故城遗址是河南省唯一的一处城址类世界遗产，具有完整性和突出普遍价值，隋唐洛阳城只有定鼎门遗址列入世界遗产范围。

　　定鼎门是隋唐洛阳城的外郭城门，也是隋唐洛阳城中轴线上的标志性建筑，相当于北京城的永定门。定鼎门始建于隋代，经唐、五代一直沿用至北宋末年，前后历时530年左右。其门址是以城门楼为主体，两侧辅以垛楼，其间以城垣相连接的巨大建筑群。

　　考古人员曾在定鼎门前空地上发现过几处骆驼蹄痕。当时只有往来于西域的商队才会用骆驼，而且测量车辙轮距发现与唐代马车的标准尺寸相符，从而佐证了洛阳在隋唐时期是一座通联东西方的

| 定鼎门

国际大都市。文物保护工作者用三维激光扫描仪对考古现场进行扫描，从而在现场回填之后，又可以用数字模型、工艺混凝土再现原始场景。这样既有利于考古发掘的保护性研究，又便于公众获得原址的、直观的感受。

应天门是隋唐洛阳城宫城正南门，相当于故宫的午门，始建于隋大业元年（605 年）。起初称"则天门"，源自《论语》"唯天为大，唯尧则之"。唐神龙元年（705 年），为避武后尊号，改称"应天门"。应天门先后历经隋、唐、五代、北宋 4 个历史时期。南宋绍兴十年（1140 年），应天门被金兵烧毁，结束了沿用 530 多年的历史。

应天门是朝廷举行登基、改元、大赦、宴会等外朝大典的场所。隋炀帝杨广入主东都、唐高宗诏释百济扶余王、女皇武则天登基称帝、唐玄宗接见日本第 8 次遣唐使等历史瞬间都发生在这里。从 20

应天门（遗产地供图）

世纪 60 年代至今，经 5 次考古发掘，证实了应天门是目前发现的、全国等级最高的城门楼遗址，它不仅是洛阳历史文化的见证者，还是名副其实的"华夏第一门"。其建制对北宋汴梁宣德门、元大都崇天门、明清故宫的午门影响深远。

为了让遗址得到更好的保护，也为了重现古时应天门的宏伟，增强民众的自豪感，应天门开展了复建项目，历经 3 年建设得以涅槃重生。应天门遗址复建工程分为二部分，第一部分是建立在遗址上的保护罩，基座长 120 米、宽 60 米、高 9.2 米。第二部分是结合文献记载和考古发掘而建的想象模型，通高 50.3 米，由中间的城门楼、两侧的垛楼和向南延伸出的阙楼组成，中间以东西连廊和左右飞廊相连，整体为"门"字形巨大建筑群。

对于应不应该复建遗址，"万里少年团"成员的视角和观点不同。这个话题引发了热烈的讨论。

隋唐洛阳城明堂、天堂（遗产地供图）

　　在文物保护工作中，我们一般不鼓励复建，甚至反对复建。很多复建的"仿古一条街"都不是真实的，而且同质化严重，难以产生好的游览体验。但已经消失的建筑要不要复建，考古发掘的遗址要不要展示？这却不是能够一概而论的问题。

　　在考古发掘工作完成后，我们往往撤掉围栏、岗哨，恢复地平。但是考古发掘所揭示出的灿烂文化、出土的大量文物与周围城市和居民可谓血脉相连。发掘、回填后，原址没有相应展示，也是一大遗憾。

　　因此这些年我们认为，一些遗址应该成为人们参观旅游、接受历史文化教育的场所，也需要有一定的可视性。恢复城市历史上的地标性建筑，对强化民众集体记忆和提升家乡自豪感也很有价值。比如北京永定门是明清北京城中轴线的南端点，定鼎门是隋唐洛阳城中轴线的南端点，都需要修复。至于修复的方式方法，应因地制宜。定鼎门下有遗址，所以在保护遗址的基础上恢复外形；永定门的情况则更适宜在原位置上，用原材料、原工艺进行修复。

清华同衡规划设计研究院专家张谨老师给大家讲解了明堂复建的故事。明堂是武则天时期神都洛阳的皇宫正殿，在"安史之乱"中被毁。明堂一度计划复建，却多年未获批准，因为对复建形式、体量、材料的研究还不够透彻。20世纪80年代，考古发现了明堂的中心柱，为了保护遗址，我们认为可以修建一个保护棚。这与我在《万里走单骑》系列的第一本书《万里走单骑：老单日记》中提到过的杭州雷峰塔复建原理类似：保护棚可以采用各种形式，当然也可以是仿古样式。

复建后的明堂与距它112米复建的"天堂"成为隋唐洛阳城国家考古遗址公园的标志性建筑。复建以后，不仅起到了保护原址的作用，还提供了一个高点供游人俯瞰遗址公园的壮阔场景，可谓一举两得。明堂和天堂的建筑外形改建设计均由古建筑专家、清华大学建筑学院郭黛姮教授主持。她认为明堂复建工程不可能也没有必要恢复原来木结构的近90米高度，那样既是造假又是浪费。现在明堂复建后的总高度约30米，能供市民游览怀古，更起到保护和展示的作用。

如何保护大遗址中的建筑，在国际上也有上百年的争议。英国古建以砖石建筑为主，残损的建筑也具艺术价值，因此英国主张让建筑有尊严地消失，不加干预，也不进行修复；法国人很浪漫，他们认为古建筑是灿烂历史的杰出代表，应该恢复到最华丽、最鼎盛时的样貌，因此法国主张修复建筑；意大利拥有最多的世界遗产，他们主张折中，即对建筑进行研究，要把有价值的地方保护下来。最终意大利的主张获得了更多国家的支持。在这一主张下，1964

年，从事历史文物建筑工作的建筑师和技术人员国际会议在威尼斯通过《保护和修复文物建筑及历史地段的国际宪章》，即《威尼斯宪章》。《威尼斯宪章》是各国保护遗产的行为准则，也是国际历史文物遗产保护发展中的重要里程碑。

但是，《威尼斯宪章》的通过是基于欧洲砖石建筑为主的情况，对中国、日本等以木结构建筑为主的东南亚地区并不完全适用。木建筑如果不加修复，就会出现屋顶破漏、梁架腐朽、倒塌等情况。因此，2007年，东亚地区文物建筑保护理念与实践国际研讨会在中国召开。会议上，中国同行既借鉴学习了《威尼斯宪章》的精髓，也与国际同行充分交流具体情况，表达东亚地区也有符合自己建筑特色的保护方法。

当然，东亚建筑修复也有不同的方式。比如日本的唐招提寺修缮工作，把每一片瓦、每一个木架都拆卸掉，然后搭建一个厂房放进去，先把每个木架都修复好，然后再进行后续工作。同时，修缮过程一直发掘到了建筑的基础部分。由于日本地震多发，还布置了防震系统。具体的方式是先解体，建设防震系统，然后再复建。中国的原则是"不改变文物原状，尽可能保留文物信息"，以维修保护为主，如果确实需要修缮，也要坚持小修、岁修。

还有一个很重要的观念，就是一切复建都要可逆，就是说把复建拆除之后还能恢复遗址原貌。雷峰塔没有一根柱子插入遗址，如果有一天拆除，遗址就可以恢复到保护棚搭建前的原貌。明堂、天堂复建后，洛阳人民的自豪感油然而生，尤其是年轻人对传统文化更为向往，这里也就真正成为一个文化地标。

唐宫下午茶

时间：2021 年 10 月 21 日下午
地点：隋唐洛阳城九洲池

　　中国园林艺术是中华文明的瑰宝，因为园中一景一物都蕴藏着中国人对世界的认知和对万物的思考。我们所熟知的名园、名苑多位于江浙地区，而若论对中国园林发展影响深远的城市，洛阳却可被列入三甲。

　　洛阳园林出现的时间，最早可追溯至商周时期，那时王公贵族因狩猎、游乐而建造园林；至秦汉，"园"又改称为"苑"，"苑"从"囿"来，有养禽兽、植树木的帝王花园之意；隋唐时期，园林艺术在洛阳发展到了第一个高峰，皇家园林有西苑、九洲池等；北宋时期，洛阳园林更是名甲天下。

　　千余年时光中，洛阳园林对后世园林发展产生了巨大的影响，而九洲池正是其中之一。九洲池始建于隋代，唐宋时期沿用，因似东海的九洲而得名。设计理念以水的形态及精神美学为根本，充分体现了中国人崇尚平和、宁静，善于将世间万物调和成一体的特点。据史料记载，九洲池占地 52 万平方米，考古发现约有 13.9 万平方米。九洲池荟萃了唐宋园林建筑艺术的精华，是中国古代皇家园林的杰出典范。其整体规划沿用了汉代以来的一池三山的宫院布局，堆土围岛，造瀛洲、蓬莱诸岛，岛上筑殿造亭。其间堤岸屈曲，鸟鱼翔泳，花卉罗植。池水向紫微城辐射，园内水网密布、殿台楼阁点缀其间，其景美不胜收。

九洲池夜景（遗产地供图）

　　九洲池遗址位于原洛阳浮法玻璃集团中部。2009 年洛阳市决定斥资 10 亿元整体搬迁洛阳浮法玻璃集团，对九洲池遗址群进行整体保护。2014 年 5 月其遗址保护展示工程展示方案获批。2019 年4 月，九洲池再造重现在人们的视野。

　　唐朝人爱喝下午茶由来已久。张谨老师为我们在九洲池皇家御苑中安排了一场唐宫下午茶。这场下午茶严格按照唐朝样式，桌上摆的器皿、水果、甜品等细节都经考古证实，例如点心就是依据新疆阿斯塔那出土的唐朝花式点心制作。我之前经常在朋友圈看到张谨老师分享大唐下午茶，今天终于有机会品尝一下了。

　　我们还跟着非遗传承人一起体验制作唐朝最强甜品——唐菓子。制作唐菓子材料准备需要 2~3 天，制作造型需 1 小时，放花蕊、捏花瓣、贴叶子，一道道工序体现着唐朝人的精致生活。

｜唐宫下午茶

　　唐菓子还曾承担着"文化交流大使"的角色，与日本菓子颇有渊源。607 年，日本曾派遣外交大臣出使隋朝，洛阳的唐菓子由此被带回日本。近 100 年后，日本又有使臣来到唐朝，带回盛唐文化的同时，也将 8 种唐菓子和 14 种果饼及制作方法一起带回日本，开启了日本菓子制作的新篇章。

　　隋唐是中国历史上文化交融的一个高峰。这其中胡文化的盛行值得一提。隋炀帝曾在洛阳大陈各国贡物，向外来使臣炫富，招待胡人。唐代社会各个阶层都非常喜欢和接受"胡风"，这也是高度文化自信的一种体现。胡文化体现在唐朝人的饮食、服饰、音乐、绘画等日常生活中。胡琴、羯鼓等大量西域乐器流入唐朝，来自龟兹、高昌、天竺、安国、康国的音乐在唐朝宫廷中流传，而住帐篷的习惯也是来自胡文化。

据传白居易就曾在家中搭建帐篷。他十分心仪自己的住宅，专门写了一首诗《池上篇》：

> 十亩之宅，五亩之园。有水一池，有竹千竿。勿谓土狭，
> 勿谓地偏。足以容膝，足以息肩。有堂有庭，有桥有船。
> 有书有酒，有歌有弦。有叟在中，白须飘然。识分知足，
> 外无求焉。如鸟择木，姑务巢安。如龟居坎，不知海宽。
> 灵鹤怪石，紫菱白莲。皆吾所好，尽在吾前。时饮一杯，
> 或吟一篇。妻孥熙熙，鸡犬闲闲。优哉游哉，
> 吾将终老乎其间。

诗前还有自序：

> 都城风土水木之胜在东南偏，东南之胜在履道里，里之胜
> 在西北隅，西闬北垣第一第，即白氏叟乐天退老之地。

考古工作者正是根据这首诗前小序所记找到了白居易的家。白居易家位于市区的"履道坊"，占地面积1万多平方米。不仅有居住、待客、娱乐的空间，还有一个私人的酿酒坊。白居易经常在帐篷中准备酒水点心，在家中宴乐招待朋友们，真是好不热闹。

除了白居易，洛阳城里还曾有程颢、程颐、李贺、狄仁杰等诸多名人居住。这其中我最敬佩的则是隋代建筑工程专家、洛阳城的规划师宇文恺。

与明清北京城的规划不同，隋唐洛阳城的中轴线设置在都城的西侧，这就是宇文恺的建设创意。偏西的设置将整个西边的山丘都

划归城市的范围，让整座城市呈现了有山有水的好风光，体现了其规划智慧。20世纪50年代城市规划中就有"洛阳模式"，洛阳的城市规划在中华人民共和国成立后成为一个典范，真正做到了梁思成先生说的"建设新城保护旧城"。在城市规划中，新建设的洛阳拖拉机厂、轴承厂等大型工业企业都在城外，这样就保护了历史名城最核心的部分。

"洛阳模式"还体现在文化遗产保护方面。隋唐洛阳城遗址位于今洛阳市城市建成区的洛河两岸，地跨瀍河区、老城区、西工区、洛龙区4个城市区，皇城、宫城遗址位于今洛河北岸，洛河以南有22平方千米的里坊遗址区。隋唐洛阳城遗址区内人口密集、企事业单位众多，且遗址多被现代建筑包围或覆压，随着城市建设的进展，随时都有被蚕食和破坏的危险。为了保护大型遗址，洛阳筹划在城市中心区建设国家考古遗址公园。中心区寸土寸金，但是洛阳市深刻认识到遗产保护和经济发展的相通性。洛阳筹建国家考古遗址公园时，我正担任国家文物局局长，不到半年的时间内，先后2次来到洛阳调研。隋唐洛阳城国家考古遗址公园建设项目，以重要遗址点保护展示为突破口，以遗址公园建设为核心内容，旨在保护基础上的有效利用。并在重要遗址点保护展示的基础上，辅以水系、绿化、考古体验、农林、休闲、娱乐、旅游等设施，满足民众需求。经过多方努力，隋唐洛阳城国家考古遗址公园建成，保护了里坊区、宫城区等遗址，也实现了社会效益和经济效益。现在站在定鼎门往下看，大片绿地，这样一处城市绿地公园，增加了民众生活的幸福感，凸显了一座历史文化名城的责任与担当。

"五都荟洛" 装束复原大秀

时间：2021 年 10 月 22 日下午
地点：洛阳博物馆

　　《万里走单骑》第一季时，在每一期节目的最后都有一个守望行动，以此与遗产地互动。观众和读者都很欢迎这个方式。第二季中，我们延续了"行动"模式，在遗产地策划"世遗唤醒行动"，寓意让更多的文化遗产守得住、"活"下去，唤醒"民用而不知"的文化情怀。为每处遗产地策划一场兼具大众参与性、文化仪式感、艺术表现力的活动，呼吁大众热爱和传承世界文化遗产，激发年轻人的民族文化自豪感，这是我们希望通过活动达到的目标。

　　我们在洛阳策划的"世遗唤醒行动"是以一场横跨 5 个朝代的"五都荟洛"装束复原大秀，向新时代的观众展示悠悠古韵。历史上 5 段重要的历史时期，都城都设在洛阳。从洛阳偃师到涧河两岸不足 30 千米的范围内，分布着夏代都城、商代都城、东周王城、汉魏洛阳城、隋唐东都城 5 大都城遗址，故称"五都荟洛"。

　　装束复原展是洛阳博物馆创新展览形式的一种尝试，让陈列在展柜里的文物"活"起来，让前来参观的群众更加直观地了解文物，从而实现河洛文化的国际表达，传统文物的现代表达。洛阳博物馆积极担当民族历史文化传承使命，为洛阳打造"东方博物馆之都"的城市名片贡献力量。装束复原团队成立于 2007 年，是国内独家专业复原古代服饰与传统乐舞、研究历代舆服制度的团体。复原团队研究了大量出土文物，例如服饰、首饰，并结合壁画、雕

| 世遗唤醒行动——"五都荟洛"装束复原大秀

塑、书画等美术文物以及文献资料，严谨复原了历代不同的服饰纹样与发髻造型，再运用草木染、绞缬、夹缬、织锦、刺绣、炸珠等传统工艺，将文物"复原"成真，以走秀的形式重现千年之前中国传统服饰之美。

服饰是历史灵感的凝练。东周的直裾袍服、初唐武周祖领衫裙、唐代圆领袍……随着各朝服饰的展示，我们仿佛置身于历史地书，第一页是现代的洛阳，向下翻第二页是隋唐，第三页是北魏、西晋，第四页是曹魏东汉，再翻第五页就回溯到了夏商周。文明赓续，文化交融在眼前上演。

当然，洛阳拥有的远远不仅这些。这里历史悠久，山清水秀，人杰地灵，所以成为都城选址。汉魏洛阳城、隋唐洛阳城气势恢宏，它们的壮美影响了一代一代中国城市的建设。今天洛阳拥有3项6处世界遗产，充分说明了这座千年古都浑厚的历史文化沉淀。

洛阳还是大运河和丝绸之路唯一的交汇点。进入 21 世纪，国家建设南水北调工程，重视南水北调工程中涉及的京杭大运河遗址的保护，把它公布为全国重点文物保护单位。申报世界遗产的时候，我们知道大运河不仅包括京杭大运河，还应该有隋唐大运河，洛阳的历史文化价值就更显突出。洛阳既连接丝绸之路，又连接大运河，就像中华大地上一个美丽的飘带一样，连接着中华文明和地中海文明。于是香料就开始出现在汉唐的市场上，我们的茶叶、瓷器就走向了罗马帝国的殿堂，这就是在人类共同努力下创造的一段历史。

丝绸之路的申遗之路，现在想来也是非常曲折的。早在 1998 年就已经启动了丝绸之路的申遗。由于丝绸之路沿线国家众多，8 年之后的 2006 年我们才与包括吉尔吉斯斯坦在内的中亚 5 国达成初步共识。但是因为各国对遗产的认识不同，工作开展进度也不一样，申报时间一拖再拖。2011 年底，世界遗产中心又对联合申遗的规则做了重大调整。我们迅速应对、调整方案，与吉尔吉斯斯坦、哈萨克斯坦加快推进工作。终于在 2013 年提交了申遗文本。2014 年 6 月，不仅大运河申遗成功，丝绸之路的申遗也通过了审议。

我曾在山东演讲，介绍山东的 4 处世界遗产，其中有吉尔吉斯斯坦的功劳。不仅山东，大运河沿线北京、天津、河北、河南、安徽、江苏、浙江等地都应该感谢吉尔吉斯斯坦。因为从 2004 年开始，每年每个国家只能申报一项世界文化遗产，2014 年的双申遗成功，是因为丝绸之路用了吉尔吉斯斯坦的名额。当然我这样讲也不准确，每一项世界遗产都不是一个国家、一个民族所独有的，而是全世界人类共同的财富。我们每一个人都有责任和义务保护、传承这份遗产。

在洛阳期间，我还去探访了龙门石窟古阳洞。古阳洞开凿于北魏时期，距今已有 1500 年历史，是龙门石窟中开凿最早的一个洞窟。洞内小窟十分多，精巧富丽，是研究北魏石窟艺术的珍贵史料。我来到这里，看到技术人员正在对石窟进行数字化扫描和信息采集，用于搭建数字档案。文化遗产承载着人类历史的信息，是研究和探索人类文明进程的重要物证。但是随着时间的推移，这些物证一步步走入历史，它所承载的信息也将永远消失。特别是石窟寺、古建筑等遗迹经历了千百年的变化，留下了大量鲜为人知的信息。因此，文物保护工作的一项重要使命，就是尽最大努力，长久地保护这些遗产，并全面记录信息，将这些遗产和信息传递下去。

数字档案可以将信息完整清晰地记录下来，而且采集的信息可以为未来的研究、修复、活化提供参考依据。浙江大学文化遗产研究院也在做石窟保护工作。我在西藏、山西等很多地方都遇见过他们，默默无闻地连续工作。正是由于这些文物保护者的付出，大众才能在今天依旧领略几千年前的灿烂成就，并让后人见证文明。可见申报世界文化遗产成功，不是最终的目标，而是更艰巨的保护行动的开始。

今天我们欣喜地看到越来越多的年轻人放下手机，开始拿起毛笔书写中国文字、品尝中国的下午茶、穿上中国传统服饰，这些都是把中华传统文化融入现实生活的表现。我们要让收藏在博物馆里的文物、陈列在广阔大地上的遗产、书写在古籍里的文字都活起来。所以今天的"五都荟洛"装束复原大秀并不是一场简单的服装表演，而是文化的传承。欢迎越来越多的朋友跟我们走万里行程，探访世界遗产，把中华传统文化传播得更加久远。

第二站
景德镇御窑遗址

遗产地档案

遗产名称	景德镇御窑遗址
遗产位置	江西省景德镇市
遗产种类	文化遗产
遗产地边界范围	遗产申报区范围：283.77公顷 缓冲区面积：1624.94公顷

因窑而生，因瓷而盛

时间：2021 年 11 月 17 日上午
地点：景德镇陶瓷工业遗产博物馆

　　《万里走单骑》新的一站，我们来到了千年瓷都——景德镇。这是一座正在申遗的城市。2015 年 3 月，景德镇正式启动以御窑厂遗址为核心的申报世界文化遗产工作。申遗是一个漫长而复杂的过程。杭州西湖申遗用了 12 年，大运河申遗花了 7 年，丝绸之路项目走过 8 年，日本的富士山申遗用了 20 多年。景德镇的申遗之路还有多长呢？

　　目前，景德镇已经进入联合国教科文组织世界遗产中心《世界文化遗产预备名录》。进入这份名录代表着景德镇已经取得被评为世界遗产的资格，离申遗成功又近了一步。

　　在漫长的申遗过程中，景德镇遗产价值和申遗方向逐渐清晰，申报遗产范围也从最初的 18 处历史遗迹缩减至 6 处——御窑厂遗址、落马桥窑址、湖田窑遗址、乐平南窑古瓷窑址、高岭土矿遗址、东埠码头，历史遗迹的特征和价值都被进一步研究与发现。"万里少年团"来到这里，希望通过行走，向公众展示景德镇的独特价值与魅力，为申遗贡献一份力量。

　　景德镇陶瓷工业遗产博物馆位于景德镇市珠山区陶溪川文创街区内。它的前身是建于 1958 年的景德镇宇宙瓷厂。"陶溪川"这个名字寓意陶瓷文化如同小溪般汇聚成川，永远传承下去。一走进这里，我们就感受到复古与现代结合的浓浓时尚气息。高低错落的红

陶溪川文创街区（遗产地供图）

砖厂房、玻璃、古树、高60多米的烟囱等元素，共同赋予这座城市别样的景致。这些景致正是利用原宇宙瓷厂留存的旧厂房改造而成。

景德镇陶瓷工业遗产博物馆是目前国内首家以陶瓷工业为主要内容的行业博物馆。占地面积9677平方米，展厅面积9000平方米，库房面积8000平方米。2018年，景德镇陶瓷工业遗产博物馆被授予"联合国教科文组织亚太地区文化遗产保护奖"的创新奖。该奖项的设置正是为了鼓励在遗产环境中将建筑设计与历史融合的优秀建筑。

博物馆的设计基于遗产保护的最小干预原则，其改进型现代工业美感呼应了20世纪中叶旧厂房工业建筑的形态和气息，制造出柔和的背景，并将各时期的窑炉遗存进行展示。新的设计不仅尊重原先工厂的形式和尺度，也创造了与著名陶瓷生产设备的全新对话方式。

这座博物馆以场景再现、珍贵实物、图文影像资料等形式，按照手工作坊—私营—私私联营—公私联营—国营瓷厂—改制转型的历史脉络，为观众展示了自1909年至2010年，景德镇陶瓷工业历经的百年沧桑与风采。博物馆的建立，向民众揭示了博物馆藏品不一定是价值连城的文物珍品，还可以是充满时代回忆的，劳动的见证物。

博物馆中保存着完好的历史资料和设备，如慈禧太后的朱批奏章、民国瓷业劳工的盛饭竹筒、中华人民共和国成立初期公私合营条款、20世纪90年代企业改制文件，再如煤烧圆窑、隧道窑、梭式窑等器形万千的设备。最令我印象深刻的是瓷厂职工的照片墙。宇宙瓷厂在鼎盛时期有4000多名员工，瓷工的黑白照片缓缓变化

闪现，让我们感动于其中凝练的历史。这里记录了景德镇陶瓷工业发展的艰辛历程，留下了景德镇的城市记忆，也承载了景德镇人曾经的光辉和对未来更加美好生活的追求。

20世纪后半叶，景德镇陶瓷产业从小到大，由弱到强，曾创造了许多骄人的业绩。尤其是"十大瓷厂"的成立使景德镇瓷业生产突飞猛进。到20世纪90年代末，"十大瓷厂"的陶瓷品种已发展到20个大类、2000多个器型，形成了日用瓷、仿古瓷、旅游瓷、建筑瓷等门类齐全的陶瓷产品体系。"十大瓷厂"积淀了丰厚的工业遗产和宝贵的精神财富，也带来经济效益，当时景德镇瓷器与80多个国家签订了大量的订单。

景德镇的辉煌是陶瓷工人们用双手创造的。在景德镇陶瓷工业遗产博物馆内，展陈着一只由3000多只瓷手模组成的巨型瓷手，

景德镇陶瓷工业遗产博物馆展陈——"一手擎天"（遗产地供图）

名为"一手擎天"，寓意：一座城市依靠一个产业（陶瓷产业）支撑了 1000 多年，创造了世界上绝无仅有的成就。瓷手即瓷工之手。然而，在传统手工业向知识经济转型的时代，这些国营老瓷厂在 20 世纪 90 年代后纷纷关停，几万制瓷工人下岗，好师傅远走他乡。老厂区的宿舍变成了棚户区，原来"工厂办社会"年代的礼堂、食堂、澡堂、小卖部都被关闭。2010 年左右，地价上升很快，如果把老瓷厂做成房地产开发项目，把地卖掉赚上几个亿是很容易的。但景德镇的精神底色是陶瓷的历史，这些老瓷厂具有珍贵的工业遗产价值。所以，必须要对其进行保护，使其变成可触摸的历史。

工业遗产包括工业厂房、航天卫星发射台等单体建筑，也包括工业片区，比如沈阳的铁西区、洛阳的涧西区。保护工业区就能整体保护产业脉络。国际社会保护工业遗产时间不长，但我们国家在工业遗产保护方面取得了很多成果。北京 798 艺术区就是工业遗产活化利用的案例。一开始，年轻艺术家们希望有一个能挥洒自己创作且房租不高的地方，就来到 798 工业园区。但开始利用工业遗产建筑之后，他们发现工厂里面的水管、机器设备，反而可以启发灵感、促进创作。由此艺术家发现了工业遗产的美，慢慢工业遗产反倒比现代的写字楼更受欢迎了。同样，景德镇工业厂区在全面展示陶瓷生产流程、让民众贴近历史、向民众再现当年生活的同时，让他们感知到这些工业遗产在当今社会还能被用来改善现实生活，成为世界各地创新创业人员的汇集地。

景德镇曾繁盛，也曾几经波折，但仍保持了窑火千年不灭。究其原因，就在于它的"根"和"魂"。景德镇城市的"根"就是今天我们还能看到的历史遗存。景德镇申遗过程中已经塑好了"根"，下一步就是要铸"魂"。景德镇的"魂"是什么呢？我建议肖央、周韵、牛骏峰去御窑厂遗址，跟景德镇考古研究所名誉所长江建新老师一起探寻。

五百年后的聚首

时间：2021 年 11 月 17 日上午
地点：御窑厂遗址、御窑博物馆

景德镇御窑厂是皇家御用的象征，也是陶瓷艺术的摇篮。御窑厂创建于明洪武二年（1369 年），到清宣统三年（1911 年）废止，前后延续了 542 年，是明清两代御用瓷器的专职制造场所，也是全世界唯一一个为皇家服务，烧造时间最长、场地最大、历史最悠久、艺术水准最高的制瓷机构。

古陶瓷鉴定大家耿宝昌先生多次呼吁保护景德镇御窑厂遗址。御窑厂遗址曾多次遭盗挖，在某年国家文物局的团拜会上，耿宝昌先生正色说："景德镇的事要管、就要管，一定要管好，不管就是国家文物局失职。"后来谈及此事，耿先生常说以自己的性格很少与人争辩，没想到为了景德镇御窑厂的事发这么大的火，还拍了桌子，每每都摇头苦笑。

2015 年，应景德镇市委书记刘昌林先生之请，耿先生起草书信并联合著名考古学家宿白先生、著名文物专家谢辰生先生，3 位90 岁高龄的老学者联名向中央领导反映景德镇御窑厂遗址保护工作中的问题以及应该重视的工作内容。在得到中央领导的批示后，景德镇御窑厂遗址以及景德镇的整体保护工作有了极大的改观。

2015 年 4 月下旬，我曾有幸陪同耿宝昌先生到御窑厂遗址考察。几十年来御窑厂遗址的考古发掘取得了丰硕成果。不同形态的明代窑炉群遗址揭示了当年的生产规模，同时窑炉形态的变化、分布区域的不同，也反映着御窑的变迁及发展历史；带有纪年或题记的瓷片标本，为研究御窑的设立时间提供了证据；大量窑具则为研究明代御窑的生产工艺提供了实物资料。更为重要的是，通过对御窑瓷器研究和御窑厂遗址的考古发掘以及对御窑、民窑瓷器的比较研究，可以发现在御窑厂主导下的技术创新、研发和对外来技术的引进，在促成御窑生产技术提高的同时，对景德镇乃至全国瓷器生产的带动作用、对 14 世纪以来世界各地瓷器生产风尚的引领作用。

号称瓷器界"珠穆朗玛峰"的珠山就位于御窑厂遗址内。珠山并非自然形成的山包，而是由瓷片和废渣等堆积而成的约 6 米高的小丘。经考古发掘，以珠山为核心的方圆数平方千米内发现了大量

御窑博物馆建筑主体设计灵感来自传统窑炉（遗产地供图）

落选瓷器的碎片，掩埋深度可达 18 米，为考古研究提供了大量珍贵资料。因此有人说，"珠山虽矮，却是世界瓷器生产的顶峰"。御窑厂遗址目前已经发掘约 6000 箱瓷器碎片，数十吨重。经过整理，专家们发现这些碎瓷片可以复原，至今已经修复了 2000 多件瓷器，包括青白瓷五筋葵口碗、明成化斗彩鸡缸杯、明宣德斗彩盘、明宣德青花汀竹鸡图蟋蟀罐等珍贵瓷器。

我在御窑博物馆等他们汇合。御窑博物馆中有专门的修复藏品陈列，如明代正统年间的青花云龙纹缸，其中很多藏品是由砸碎深埋土中的碎片修复而成。根据当时严格的宫廷用瓷拣选制度，御窑烧造的合格品被源源不断地送进紫禁城的同时，落选品和残次品均被集中销毁，或被挖坑掩埋，或被打碎后随窑业垃圾倒掉。处理方式不同，代表着御窑管理制度的变化。这些都是通过传世器物无法

修复后的青花云龙纹缸（遗产地供图）

获得的历史信息。

　　"万里少年团"对瓷器修复的意义产生了好奇。我认为是对历史信息的补足和确认。景德镇御窑厂遗址出土的遗物相对年代和绝对年代都比较明确，可以提供年代断定标尺。例如 20 世纪 80 年代在西藏萨迦寺发现过一个斗彩碗，发现者怀疑这个碗造于宣德时期，但当时人们认识还不到位，断定烧制年代为成化时期。1988 年，在景德镇御窑厂遗址发现了两片与斗彩碗纹饰一模一样的瓷片，带有"宣德年制"款，且位于宣德时期的地层，这就为萨迦寺斗彩碗的烧制年代提供了证据，且说明中国的斗彩瓷器从宣德时便开始烧制了。

　　一开始，御窑厂出土瓷片修复后的瓷器让研究人员大吃一惊：这些瓷器上大多有象征皇权的图案，要么是山川河流，要么就是五爪龙。经过研究，景德镇与宫廷、故宫博物院的天然亲情关系由此揭开。其实，早在北宋初年景德镇生产的瓷器就已经被进贡到皇宫内廷；真宗时期，因为以瓷器为主要产品的生产总产值和税收的提高，原本很普通的一个江南小镇被赐以皇帝的年号，"景德镇"由此而来；元代为生产宫廷用瓷器设立的浮梁瓷局，进一步拉近了宫廷与景德镇的关系；明清两代在景德镇设立专门负责烧造御用瓷器的御窑厂，使得景德镇成为皇家作坊的有机组成部分、在管理体制上成为内府的机构之一。为生产瓷器，皇帝经常直接与在景德镇负责生产的官员交流。正如有研究者指出，在清代皇帝御批的奏折中景德镇出现的次数绝非其他任何一个地方可比。

　　今天，在故宫博物院的文物收藏中，瓷器达 36.7 万件，是以质地分类的文物类别中最多的一项，而这其中属于景德镇御窑的产品就有 30 万件以上。随着研究的深入和景德镇御窑厂遗址的考古发现，我们发现故宫博物院收藏的传世文物和御窑厂遗址出土的碎瓷片标本不仅有很大的可比性、共性，也有很大的互补性。例如御窑博物馆展陈的青花海水江崖纹双耳三足炉，故宫博物院也有相对应的文物。景德镇的考古发掘中还发现一些传世瓷器中未见类型，更有当时研发的新品种以及试烧后未成功者。

2015 年 6 月，"明代御窑瓷器：景德镇御窑厂遗址出土与故宫博物院藏传世洪武、永乐、宣德瓷器对比展"在故宫博物院开幕。这既是故宫博物院与景德镇市陶瓷考古研究所首次联合举办的瓷器展览，也是这些明代御用瓷时隔 500 年后从生产端到使用终端的首次聚首。

这次展览以窑址出土品和传世品对比展出，展出形式虽非首创，但其规模之大、内容之丰富、对比之全面，堪称前无古人。窑址出土品和传世品的对比展览，表现了成品和落选品两个方面，最为全面真实地反映了明代御器厂的生产面貌。同时，对比展览代表了生产和使用两个阶段，反映了瓷器从窑场到使用者的动态过程，是对明代宫廷陶瓷管理制度的生动体现。

长期以来，研究明代御窑制度、生产历史及宫廷物料征办制度，只能从文献与传世瓷器入手。因此，此次展览的学术意义之重大，不言而喻。而此次展览丰富的器形、多样的纹饰、故宫博物院藏品与景德镇出土品奇妙的对比组合等内容，对于普通观众而言同样是一场精彩的盛宴。

此后，双方还陆续举办了"明代御窑瓷器：御窑厂遗址出土与传世成化瓷器对比展""明代御窑瓷器：御窑厂遗址出土与传世弘治、正德瓷器对比展""明代御窑瓷器：御窑厂遗址出土与传世嘉靖、隆庆、万历瓷器对比展"。系列展览的展品贯穿明代御器厂生产的各个时期，试图描绘明代御窑瓷器的历史长卷。这些展览不仅全面反映了明代御窑瓷器的面貌及御窑的历史，更揭示了御窑和景德镇瓷器所反映的优秀文化内涵。

江建新老师带我们参观了清代的官窑。瓷器在乾隆时期发展到顶峰。乾隆皇帝喜欢"炫技"，例如乾隆时期的釉彩大瓶集十八种工艺于一身，将瓷器做成仿青铜器形式等。这些想法的实现与督陶官密不可分。

督陶官是中央政府设立的专门负责监督御用瓷器生产的官员。为加强瓷器生产的御用性，明代中央政府就派出工部官员莅厂管事，或增派内官管理烧造事务。从清代雍正皇帝开始，从经费开支、官员选派、官样制作与颁发直至产品验收，御窑厂所有事务均由内务府直接管理，实际加强了宫廷与景德镇御窑厂的联系，更便于宫廷对御窑厂的管理控制。康熙时期的郎廷极、雍正时期的年希尧、乾隆时期的唐英是督陶官的代表人物，他们对制瓷技术的研发、烧造经验的积累与推广起到了非常重要的作用，以这三位督陶官姓氏命名的三代御窑，在瓷器的传承与创新上也取得了辉煌的成就。

其中，唐英先后为雍正、乾隆两代皇帝烧制窑器。他在景德镇工作的近30年时间里，为皇室烧造60余万件瓷器，他所创烧的瓷器无论釉色还是器形均达到极高水准，被世人称为"唐窑"。尽管如此，由于瓷器烧造非常复杂，一些诸如季节、天气等非人为因素都会对烧窑产生影响，不时会有失误、烧造不成或烧成后皇帝不满意的情况。

乾隆皇帝每当对瓷器不满意时都会训斥唐英，甚至责令不准报销所费钱粮且让他自掏腰包赔补。如根据大内档案记载："乾隆十二年四月十四日，司库白世秀来说，太监胡世杰交观音木样一尊（随善财、龙女二尊）。传旨：交唐英照样烧造甜白观音一尊、善财、龙女二尊。如勉力烧造窑变更好，原样不可坏了，送到京时装严安供。钦此。"

因雕像烧造难度大，唐英烧造 11 尊观音像都未成功，为此受到乾隆皇帝的责备。即："（乾隆十三年）五月初一日，司库白世秀来说，太监张玉传旨问烧造的观音如何还不得。钦此。于本日将烧造过十一尊未成之处交太监张玉口奏。奉旨：想是唐英不至诚，着他至诚诚烧造。钦此。"唐英接旨后经"诚心"烧造，最终烧造成功，于乾隆十三年七月十二日"司库白世秀将江西烧造得观音一尊随善财龙女持进，交太监胡世杰呈进"。又如："（乾隆十三年）十一月二十七日……此次唐英呈进瓷器仍系旧样，为何不照所发新样烧造进呈？将这次呈进瓷器钱粮不准报销，着伊赔补。钦此。"

在景德镇督陶期间，唐英仿古创新的陶瓷品种达 57 种，不仅如此，他还写出了《陶冶图说》和《烧造瓷器则例章程》。《陶冶图说》是中国陶瓷史上第一部图文并茂的制瓷书记，据其记载瓷器生产共有"采石制泥、淘炼泥土、炼灰配釉、制造匣钵、圆器修模、圆器拉坯、琢器做坯、采取青料、拣选青料、印坯乳料、圆器青花、制画琢器、蘸釉吹釉、旋坯挖足、成坯入窑、烧坯开窑、圆琢洋彩、明炉暗炉"等 20 道工序。按照工序的先后顺序可以分为"制坯""上釉""彩绘""装烧与烧制"4 大阶段。《烧造瓷器则例章程》则拟定 313 条章程，贯穿生产流程，促使清朝瓷业有了细致具体、有章可循的管理体制。

明末《天工开物》有言："共计一坯之力，过手七十二，方克成器。"意思是一件瓷器制作完成，要经过 72 人之手，后来被引申为 72 道工序。制作瓷器需要很多工序，一件精美瓷器需要保证每道工序做细做精。景德镇正是由于这一道道工序而成为千年瓷都，因此我们决定分别去体验不同工种，更多地展现景德镇之"魂"。

匠从八方来，器成天下走

时间：2021 年 11 月 17 日下午
地点：高岭国家矿山公园、东埠码头

制作瓷器需要有三个条件在同一时空出现：一是瓷土的应用；二是窑炉温度要达到 1200℃；三是釉的使用。瓷土构成瓷器的骨肉，景德镇高岭土的发现是中国陶瓷工艺史上的一次重大革命，也是世界陶瓷发展史上的一座里程碑。因此我们来到高岭国家矿山公园探寻景德镇瓷土的奥秘。

高岭国家矿山公园位于距景德镇市 45 千米的浮梁县瑶里镇，已形成集高岭土生产、内部运输及矿工生活为一体的完整的矿冶生产生活体系。在矿山公园内，有开采遗迹、作坊遗迹、窑业堆积、运输遗迹，完整呈现了高岭土从开采、淘洗到干燥成型并运输到东埠码头交易中心等一系列的生产运输过程。大量露采坑和洞采遗迹，展现出元明清时期对高岭土矿的开采状况；多处淘洗池、引水渠、工棚及尾砂堆遗迹，展现了为方便原料运输和加工配料，将高岭土矿料加工成"不（dǔn）子"的生产过程。

最高峰的时候，高岭山上有 3 万名矿工。矿工们将一担担高岭土挑到瑶里镇，层层淘洗、沉淀、晾干，再送去东埠码头，上船运到景德镇，从而成就了景德镇的"千年窑火不熄"。其实景德镇"瓷都"的地位不是一直都有的。宋代时，景德镇面临包括 5 大名窑

（汝窑、哥窑、官窑、定窑、钧窑）在内的众多窑口竞争。南宋中后期，景德镇本地优质的上层瓷石（如三宝蓬瓷石）经长年开采而被采掘一空，所使用的中、下层瓷石因耐火度低，烧出来的瓷器容易变形，景德镇已面临着极其严重的原料危机。直到元代中期，景德镇矿工在城东百里以外的瑶里镇麻仓山找到了一种白色黏土，这种新的优质制瓷原料被称为麻仓土，并在世界上率先有意识地把麻仓土与储量巨大的本地中、下层瓷石混合使用，发明了瓷土"二元配方"，烧制了大型青花瓷器，从而奠定了景德镇的"瓷都"地位。

到了明代嘉靖年间，麻仓土用尽，人们又在麻仓山附近的高岭村发现了与麻仓土性质相近的高岭土。麻仓土、高岭土的科学利用，不仅扩大了景德镇制瓷原料的来源，还提高了制品的烧成温度，降低了瓷器废品率，从而挽救了南宋以来的原料危机，迎来了景德镇制瓷业的再度繁荣。1869 年，德国著名地质学家李希霍芬在景德镇高岭地区进行科学考察后，在他的名著《中国——亲身旅行的成果和以之为依据的研究》第三卷里对高岭土做了详细介绍，这是世界上唯一一种以地名正式命名的矿产，从此高岭名扬世界。

在英语中，china 是瓷器，China 就是中国。从古至今，在席卷全球的中国文化热潮中，瓷器对文明交融的重要性不言而喻。埃及的福斯塔特在 7~10 世纪曾是埃及的政治、经济和制陶中心。这里出土的六七十万片古瓷片中，其中 1.27 万余片确定为中国陶瓷碎片。这证明在唐宋时期，埃及便从中国进口陶瓷。马来西亚吉隆坡国家博物馆珍藏着一批中国明代瓷器，东非坦桑尼亚地下也埋藏着异常丰富的中国古代瓷器残片。1667~1678 年修葺的葡萄牙桑托斯宫瓷厅，用来自中国的瓷器装饰了天花板。这些都是中国瓷器走向世界的标志。

在东西方贸易史中，瓷器与茶叶、丝绸并为古代中国3大外销商品，具备全球影响力。茶叶和丝绸的外销都是"输出—接受"的单向旅程，而瓷器却完成了跨文化的交流、渗透、影响和融合，即"匠从八方来，器成天下走"。

17、18世纪，随着大量瓷器销往欧洲，从绘画、建筑、园艺到家具、器物等方面都掀起了一阵狂热的"中国风"。从明代中期开始，中国外销瓷从17世纪每年输出约20万件，发展到18世纪最多时每年约百万件。景德镇瓷器外销的成功引发了世界各地瓷器研发的热潮。例如奥斯曼帝国的伊兹尼克在15世纪末开始仿制景德镇青花瓷，在意大利、德国、荷兰、法国、英国、美国等地都相继出现了模仿景德镇瓷的工厂。与中国高温硬质瓷技术不同的是，这些海外工厂均使用本土的陶器或炻器技术来仿制景德镇瓷器，例如伊兹尼克的"波斯青花"、荷兰代尔夫特陶、意大利的美第奇软质瓷和法国的软质瓷等。明末清初，由于中国政局动荡、战乱频繁、海禁废弛以及御窑厂和景德镇自身衰落等原因，景德镇瓷器外销受阻。此时在日本、越南等地一度兴起了海外制瓷基地，以生产景德镇瓷器的替代品。

清代，随着产品外传和人员的往来，景德镇在制瓷技术方面与欧洲技术有了更深入的交流。一方面，传教士们带来了欧洲珐琅制作的技术和知识，并将其融入宫廷瓷器研发，发展出瓷胎绘珐琅彩瓷和粉彩瓷等新品类；另一方面，景德镇的高温硬质瓷技术在传教士和商人的努力下被介绍到欧洲，开启了欧洲研发高温硬质瓷的时代。

景德镇的文化融合不仅在于瓷器、技术，更在于人。景德镇制瓷工艺从开矿到包装的几十道工序都得依靠手艺人完成。在中国历

水碓捶打

史上，景德镇是世界上手艺人最多的城市之一。节目录制过程中，牛骏峰拜访了如今为数不多的守碓工匠詹金福，向詹师傅学习制作釉果的工艺。

制作釉果步骤：收集带釉色石材，洗净矿石上的泥土，将釉石敲成小块，放入水碓。经过十多天的水碓捶打，将矿石变成粉末，粉末再经过 4 个沉淀池逐级沉淀、淘洗、滤出杂质，形成釉泥。釉泥每隔一周用脚踩 2 个小时，去除气泡。之后釉泥放入模具，再经风干、晾晒，劈成砖块，就变成一块块码放整齐的"白墩子"。

制作釉果只是众多制瓷标准化工序中的一步，这一步中同样有一系列工序，每一个工序都要保证细节。比如为提高釉果质量，矿石必须充分洗净；在机械化生产的今天，仍然用脚踩泥，就是因为脚能感知泥中存在的气泡，还可以把人的体温传给瓷泥。这都是现代化机械制泥不能解决的细节。

景德镇还是世界上最早广泛吸纳"外漂"一族的城市之一。景德镇早期制瓷以当地居民为主。宋代随着瓷业的不断发展,景德镇周边许多窑厂的匠人纷纷来到景德镇,特别是宋室南渡之后吉州窑等著名窑场的优秀陶工纷纷迁至景德镇,为景德镇制瓷业带来了先进的生产技术。元代随着浮梁磁局的建立,大量外地工匠被编入匠籍、世习匠技,为瓷业生产提供专业服务,这其中还包括东迁至此的西域工匠,从而促成了景德镇制瓷业与西域文化的直接交流,对元代中国手工业经济的发展,起到了积极的推动作用。

据报道,现在每年仍有3万多陶艺师来到景德镇,这些人被称为"景漂",其中约有5000名为来自国外的"洋景漂",也就是每6个"景漂"里就有1个外国人,可见中华文化的吸引力。前文介绍过,20世纪90年代,因为工厂停产,很多好师傅远走他乡,但现在这里又再次吸引了世界各地的陶瓷人。景德镇究竟以什么魅力吸引了如此多的"景漂"呢?

景德镇是千年瓷都,凭借无与伦比的瓷器产业,将中国的美丽呈现给世界,也将天下人吸引到瓷都。在景德镇有一条不变规律,只要掌握和陶瓷有关的一技之长,便能生存下来,甚至实现人生理想。同时,这个具有崇高荣誉的手工业城市,由于掌握着无人能及的制瓷工业水准和完整产业链条,受到历朝历代的高度重视,集中国传统经典文化于一身。千年历史为景德镇积累了无可替代的文化财富,形成了难以超越的软实力。

景德镇是艺术文化的包容地,同时拥有文化遗产的底蕴。这两个特质使世界各地的陶瓷艺术家汇聚景德镇,互相交流,激发灵感,实现梦想。景德镇的特质吸引了来自世界各地的目光,更吸引了年轻人对景德镇的向往和热爱。这就是陶溪川千年人潮不断的奥秘。

世界上很多人认为景德镇就是心目中遗产地应有的样子，我们现在所做的是让更多的人知道景德镇不仅要传承物质遗产，还要继承生活方式、情感、技艺甚至环境。"匠从八方来，器成天下走"，这也是申报世界遗产的意义所在。

瓷之宇宙

时间：2021 年 11 月 18 日下午
地点：陶溪川文创街区

景德镇是一个生产性的城市，也是一个独具特色的历史文化名城。在这座城市里面，人们千百年来从事单一的生产活动，但是不断精益求精。在中国，很少有一座城市的产品能如此大面积地影响世界文化和人们的品质生活。景德镇对内影响皇家和百姓生活；对外通过文化交流和商品输出，带来了世界对陶瓷文化的"狂热"。

今天这座城市保留了这些特色。大片的古代窑址，乃至 20 世纪五六十年代的国营工厂都保留下来，并得到了保护展示和活化利用。景德镇的遗产保护这些年取得了非常重要的成果，令人欣慰。曾有一段时间，景德镇对于遗产保护不重视。2005 年，考古学家张忠培先生来考察御窑厂遗址。当时景德镇政府的办公楼压在御窑厂遗址上面，遮盖了遗址。张忠培先生拄着拐棍跺着地，非常气愤，回北京后就找到我们。当时我是国家文物局局长，于是带队来景德镇了解情况，设法解决问题。

我们跟当时的政府负责人接触，提议御窑厂遗址应该成为全国重点文物保护单位，但他们担心这样会影响景德镇的发展建设。这

反映了当时一些人对于遗产保护的认识不足。于是我们下决心，利用法律赋予国家文物局的权力，直接把御窑厂遗址上报国务院核定。最终，御窑厂遗址于2006年成为全国重点文物保护单位。

没有经过地方政府直接上报，我担任国家文物局局长的10年间只有这一次。但是从那以后，御窑厂遗址成为全国重点文物保护单位，成为国家考古遗址公园，进入世界遗产的预备名单，景德镇的文化遗产工作也一步一步走向健康发展。

如今，景德镇吸引着各大院校学生前来研学。据景德镇陶瓷博物馆统计，2017年、2018年、2019年分别接待研学旅行教育的中小学生为83865人次、162997人次、453295人次。学生们的到来使这里变成一片热气腾腾的土地。同时，来自世界各地的"景漂"云集景德镇，他们来研究、学习、传播陶瓷文化。今天大家共同努力，把陶瓷文化融入生活的方方面面，使陶瓷成为生活不能缺少的文化元素。

餐具、卫生设施、植物、动物等瓷器作品，作为艺术品在生活空间进行展示，作为家庭布置元素影响生活素质。还有诸多陶瓷零件，因其独特的物理化学属性，用在了航空航天和军事工业中。景德镇瓷器曾为嫦娥三号探月工程、神舟一号、核动力设施、北斗全球导航系统工程等提供配套零件，被称为"宇宙瓷器"。过去我曾设想过中国陶瓷能走向太空，今天已经梦想成真了。

文化遗产就是要融入人们的现实生活。人们喜爱遗产，遗产才有尊严。遗产有尊严，它才能促进城市社会发展，惠及更多的民众，民众就会更加喜爱文化遗产，这才是一个良性循环。景德镇今天进入了良性循环。

因瓷而生、因瓷而兴、因瓷而名，景德镇的魅力不仅在于御窑厂等遗址的悠久历史，更在于其生生不息的年轻态传承。于是我们就想举办一个展览，告诉人们陶瓷跟现实生活之间的关系。经过讨论，展览名定为"瓷之宇宙"，即想通过这样一个展览告诉大家，陶瓷文化有无限的提升空间，它们将在继续传播传统文化的同时，影响着我们的未来。

"万里少年团"找到陶溪川的策展部门，经过沟通后，策展部门的负责人为我们推荐了几位艺术家的作品，我们4人按照作品特点分别选择自己心仪的艺术家前去拜访，和他们聊创作的理念与思路。根据本次策展主题，艺术家分别推荐了自己的艺术品，最后"万里少年团"选择了几件各自心仪的，并且符合各自理解的"瓷之宇宙"主题的艺术品进行布展。

我们还邀请了陶瓷艺术大师、从事几十年陶瓷工作的老匠人、年轻艺术家、创业者，大家共同来宣传传承陶瓷文化。展览中，有的展品十分朴素，却可以仿生，又叫"仿生瓷"；有的十分抽象现代，融合了极具先锋性的现代艺术设计思维；有的则做成了十分精致的手工茶器和酒器。一件小小瓷器，不仅承载着千年灿烂的中华文化，更承载着中国手工匠人的精神传承。

什么是景德镇的"根"，什么是景德镇的"魂"？我认为最重要的是千年传承的工匠精神、海纳百川的包容精神和向往未来的创新精神，我们希望观众能在展览中体会到。

景德镇从 2015 年正式启动申遗工作，如今已经拿到了"入场券"。近些年，景德镇的影响力、美誉度不断提升。景德镇是国家公布的第一批历史文化名城，有大片的历史街区，还有很多的工业遗产。这里可以最大限度地保留我们珍贵的历史遗存，同时把它们通过文化创意合理利用，使景德镇真正成为一个独具特色的世界。景德镇具备活化利用的条件，所以我们还有很多的工作可以做。

文物保护的力度是永无止境的，只有更好没有最好。随着时代的发展，遗产保护标准不断提升，我们还要继续促进文化遗存、文化价值的挖掘和保护，更好地应对人们日益增长的文化需求。文化遗产保护要保持螺旋式的不断提升，成为永无止境的一项事业。

第三站
泉州：
宋元中国的世界
海洋商贸中心

遗产地档案

遗产名称	泉州：宋元中国的世界海洋商贸中心
遗产位置	福建省泉州市
列入世遗时间	2021 年
遗产种类	文化遗产
遗产地边界范围	遗产申报区范围：536.08 公顷 缓冲区面积：11126.02 公顷

申遗思路大调整

时间：2021 年 12 月 9 日上午
地点：石湖港

新的一站，我们来到泉州。泉州位于中国东南沿海，是一座写满海洋记忆的港口城市，已有 1300 多年历史。10~14 世纪，泉州在繁荣的世界海洋贸易中蓬勃发展，成为各国商旅云集、多元文化交融的"东方第一大港"。这里还是"海上丝绸之路"的东方起点。

来到泉州，"万里少年团"首先要探访的是石湖港。在去石湖港的路上，我给"万里少年团"成员们讲述这处中国"最年轻"的世界遗产。2021 年 7 月 25 日，联合国教科文组织主办的第 44 届世界遗产大会在福建省福州市召开，由 22 处代表性古迹遗址及其关联环境构成的"泉州：宋元中国的世界海洋商贸中心"，经评议后获得一致通过，进入《世界遗产名录》，成为中国的第 56 处世界遗产。

我问牛骏峰能不能说出遗产地的全称，因为遗产地名字往往是遗产地价值的高度概括。"景德镇御窑遗址"体现着景德镇御窑体系在传播陶瓷文化方面对人类文明发展做出的重要贡献；"泉州：宋元中国的世界海洋商贸中心"则体现了泉州这座城市的精彩时期、精彩片段。精彩时期是宋元时期，精彩片段截取的是世界海洋商贸中心，即商贸环节。

其实，"泉州：宋元中国的世界海洋商贸中心"并非遗产地名称的第一选择。2018 年，泉州曾以"古泉州（刺桐）史迹"之名申报世界遗产。但是世界遗产委员会的咨询机构国际古迹遗址理事会在现场考察和技术审查之后，给出了"不予列入"的建议。国际古迹遗址理事会的意见在世界文化遗产审议过程中起着重要作用，而"不予列入"的建议无疑给即将揭晓的结果蒙上了阴影。2018 年 6 月，第 42 届世界遗产大会在巴林首都麦纳麦召开，泉州不幸申遗失败。

而在这次失败之前，泉州已走过了 17 年的坎坷申遗路。2001 年，凭借保留有最丰富的海上丝绸之路遗址以及联合国"海上丝绸之路东端"的钦点正名，福建省向国家文物局申请将泉州列入申报世界遗产预备清单。但是，因为中国南方喀斯特、中国丹霞成功申遗的经验，"捆绑式"申遗成了当时提高申遗成功率的新思路。为此，国家文物局计划将泉州、宁波等沿海城市捆绑申报海上丝绸之路项目。同时，因为各省申遗项目数量众多，海上丝绸之路的优先级低，申遗进展缓慢。

2013 年，中央提出"21 世纪海上丝绸之路"的战略构想，在此背景下，海上丝绸之路的申遗进程开始加速。泉州仍然作为海上丝绸之路项目成员之一进行申遗。直到 2017 年 1 月 26 日，经过科学论证，中国联合国教科文组织全国委员会秘书处致函联合国教科文组织世界遗产中心，正式推荐海上丝绸之路最具代表性的港口城市"古泉州（刺桐）史迹"作为 2018 年世界文化遗产申报项目，泉州才开始单独申遗。

2018 年，"古泉州（刺桐）史迹"申遗失败之后，泉州积极寻找失败原因，最终提出 2018 年泉州申遗文本主要存在宏大的"海上丝绸之路"主题虚化、对比分析失焦、细节依据缺失等方面的问题。也就是说，泉州申遗需要新的"落脚点"和叙事方式。

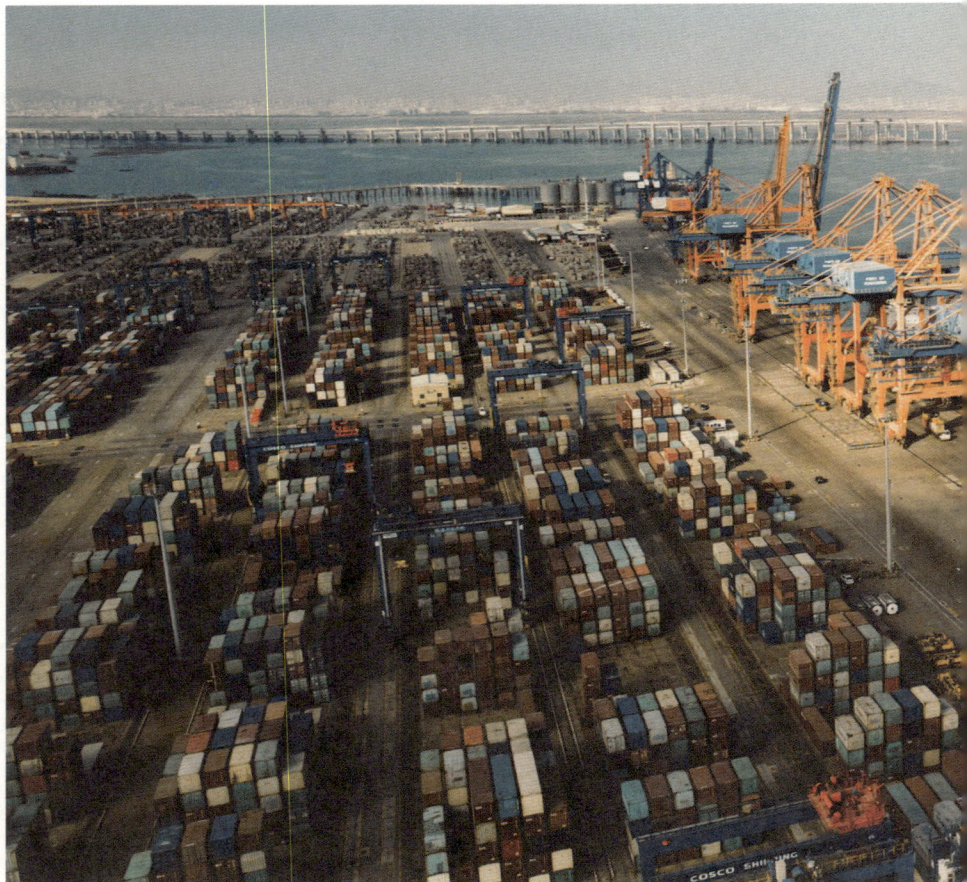

　　2021 年，泉州的新叙事终于得到了国际古迹遗址理事会的认可，给予了"建议无保留列入"的评估结果。从 2018 年的"不予列入"到"建议无保留列入"，3 年后评估结果发生了巨大转变。在新的叙事中，主要有哪些思路转变呢？

　　首先，遗产名称转变。泉州申遗项目的名称"古泉州（刺桐）史迹"变更为"泉州：宋元中国的世界海洋商贸中心"。从前的项目

| 石湖港

名称保留了泉州的古称"刺桐"，是因至今城市中仍保留大量相关史迹。但是进一步发掘成果展示出，泉州的突出普通价值不是史迹点本身，而是这些史迹所共同揭示的10~14世纪泉州繁荣的国际海洋贸易。同时，宋元之前中国的第一大港一直是广州，宋元之后泉州海贸因禁海政策而快速衰落，只有在宋元的400年间，泉州辉煌无匹，是属于天下万民的海港。因此名称中把时间定位到宋元时期。

其次，泉州的补报项目新增了安平桥、顺济桥遗址、市舶司遗址、南外宗正司遗址、安溪青阳下草埔遗址、德化窑址 6 个遗产点，遗产点总数达到了 22 个。同时，遗产区面积、缓冲区面积均成倍增加。

最后，更改申遗文本。在先前版本的申遗文本中，遗产点按主题划分为航海与通商史迹、多元文化史迹、城市基础设施史迹 3 组。更新后的申遗文本中，遗产点的叙事逻辑重新调整，22 个遗产点按照机构保障、多元社群、城市结构、生产基地、交通网络、整体格局 6 大关键要素，重新归类。之前版本中的遗址点更多体现了中国视野，新的文本中遗址点更多强调的是其在泉州商贸体系中的作用及世界影响力。以天后宫为例，在 2017 年文本里的价值阐述是"现存规格最高、规模最大的天后宫，传统闽南建筑风格；见证了中国东南沿海独特的海神崇拜"。而在新版本中，则改为"世界范围妈祖信仰的重要传播中心；体现出民间信仰与国家意志相结合对海洋贸易发展的共同推动"。

这 3 个转变使泉州的遗产定位更加明晰，以各个遗产点的历史地理叙事来突出展示遗产地整体的价值。

来到石湖港，我们看到一片繁忙景象。千年前"涨海声中万国商"的盛景在现代化的石湖港口仍清晰可见，续写着千年古港的繁荣。石湖港港道从石湖外屿至北线，滩宽 2000 米、长 7200 米，可供万吨级船舶停靠，是良好的深水锚地，年吞吐量 130 多万标准集装箱，散货 300 多万吨。如今石湖港作为中国连接世界，包括海上丝绸之路的港口，仍然发挥着重要作用。

"泉州：宋元中国的世界海洋商贸中心" 22 处遗产点分别为：九日山祈风石刻、市舶司遗址、德济门遗址、天后宫、真武庙、南外宗正司遗址、泉州府文庙及学宫、开元寺、老君岩造像、清净寺、伊斯兰教圣墓、草庵摩尼光佛造像、磁灶窑址、德化窑址、安溪青阳下草埔冶铁遗址、洛阳桥、安平桥、顺济桥遗址、江口码头、石湖码头、六胜塔、万寿塔。它们完整体现了宋元时期泉州富有特色的海外贸易体系与多元社会结构。于是"万里少年团"采取分组方式，发现和探索遗产地的多元价值。

"产—运—销"水陆交通网络

时间：2021 年 12 月 9 日上午、12 月 10 日上午
地点：石湖码头、洛阳桥、德化窑遗址

在石湖码头，世茂海上丝绸之路博物馆馆长李仲谋老师带领我们重新领略了古代泉州的水陆交通网络。

石湖码头是宋元时期泉州最大的港口，也是外国商船进入泉州港的第一站。据传，石湖码头始建于 8 世纪初期的唐开元年间，海商林銮在此创建林銮渡，借用一天然礁石为靠岸设施。

石湖码头主体由一组近岸礁石和通济栈桥共同组成。据史料记载，北宋元祐年间（1086~1094 年），官员傅琏在礁石与岸线之间加筑通济栈桥，使码头功能更为完备。礁石盘踞海中，近水侧凿有人行石阶和拴缆绳的孔洞，可供船只在低潮位时停靠。通济栈桥长 66 米、宽 2.2 米，高出海滩 1.5~2.9 米，以花岗岩条石逐层砌筑而成。通济栈桥将大礁石与后方陆地连为一体，既方便了从大礁石处登岸，还可在高潮位时作靠岸设施。这种因地制宜的建造思路体现了人们利用自然的智慧。

石湖码头（遗产地供图）

　　石湖码头是泉州外港码头的珍贵物证，实证了宋元时期泉州优良的建港条件。码头建于海湾中部，以石湖半岛为遮蔽，有较好的避风条件。此处与泉州湾主要入汇河流主槽有一定距离，不易淤积，建港条件得天独厚。天然礁石与通济栈桥的组合使得船舶在低潮位和高潮位时均可停靠，也适合不同体量船舶使用。

　　据载，石湖码头最多时约有 15000 艘船停靠。站在古代的码头上，我仿佛看到了 1000 年前海洋商贸的繁荣。石湖码头的对面是即将建成通车的福厦高铁，古代的第一大港与现代的交通工程遥相呼应。

　　泉州之所以成为世界的海洋商贸中心，离不开发达的水陆交通。为进一步促进商贸发展，泉州古人修建了洛阳桥、安平桥。其中洛阳桥与北京的卢沟桥、河北的赵州桥、广东的广济桥并称为中国古代四大名桥，被著名桥梁专家茅以升称为"中国古代桥梁的状元"。

|洛阳桥（遗产地供图）

　　洛阳桥是泉州太守、北宋书法家蔡襄主持建造的大型跨海石桥，是中国现存最早的跨海梁式石桥。清道光年间的泉州知府沈汝瀚书石匾"海内第一桥"至今仍高悬桥的中亭。洛阳桥长 731 米，船型桥墩 45 座，桥孔 47 道，由巨大的石条组成。单根石条长约 10 米，宽约 0.5 米，厚约 0.8 米，重量达 20 多吨。在近千年前架桥技术有限的条件下，所需的石材从开采到架设堪称古代的"超级工程"。

　　那么，洛阳桥这样的大工程是如何实现的呢？这就不得不提到其建造中首创的"种蛎固基""筏形基础""浮运架梁"等先进的建桥技术。为了巩固基石，古代劳动人民首创了"种蛎固基"法。他们在基石上养殖牡蛎，巧妙地利用牡蛎外壳附着力强、繁殖速度快的特点，把桥基和桥墩牢固地胶结成一个整体。"筏形基础"法，即在江底沿着桥中线置放石块，并向两侧展开一定宽度，形成一条横跨江底的矮石堤，作为桥墩的基址，高度则根据河床各处深浅而抛石，极大地提高了古桥基址的稳定性。直到 19 世纪末，世界各地在现代桥梁工程中才开始采用"筏形基础"。"浮运架桥"法则利用潮水涨落来架设重达七八吨的石梁，以达到"激浪以涨舟，悬机以弦牵"，即涨潮时把石条放在船上，运至两个桥墩的中间，再利用落潮使石条搭建在桥墩上。

我们在洛阳桥上还观察到桥墩形式别具一格。桥墩全部用长条石交错垒砌，两头尖。据介绍，洛阳桥附近有99条溪流流向洛阳江畔，激流涌进时，分水尖则可分散洛阳桥受到的冲击力，从而起到保护洛阳桥的作用。洛阳桥的修建体现了古代劳动人民的智慧，具有极高的桥梁工程技术和艺术水平。而今，千年洛阳桥仍雄屹于泉州洛阳江畔，成为世界桥梁建筑发展史上一座丰碑。

其实在泉州世界遗产点中，水路交通网络还包括万寿塔、六胜塔、安平桥和顺济桥。我们在地图上模拟了海外货物经泉州运往内陆的过程。

宋元时期，商船们只要远远望见万寿塔，就知道已经抵达泉州湾。直到晚清民国时期，下南洋的闽南游子仍然将看到万寿塔作为归乡的标志。继续行驶，会看到六胜塔，通过临近的泉州外港石湖码头，在石湖巡检站进行货物检查、封仓，然后派公务人员将货物转运到浅浅的内海，再溯晋江而上抵达内港江口码头，在市舶司办理海关手续、卸货，就可以经洛阳桥、安平桥和顺济桥运往陆路。

洛阳桥、安平桥和顺济桥3座桥分别连接了不同的区域。洛阳桥连接了泉州与其北边的城市，依次有莆田、福州和两浙地区。安平桥连接了泉州与其南边的漳州和潮州。顺济桥则是进出泉州城最南端城门"德济门"的必经之路。这3座桥共同构建了连接泉州与其他城市的"沿海大通道"，对闽南乃至整个东南沿海都有重要作用。

节目拍摄的第二天，我们还去了德化。这座占地2232平方千米的小山城，分布着近300座古窑址。其中尾林窑考古发掘出横跨宋元明清4个朝代的4座窑炉，把宋元时期的龙窑、元代的分室龙窑、明清时期的横室阶级窑展示在人们面前。尾林窑是目前发现的窑炉类型最丰富、烧造跨越时间最长的窑址，在这里"一眼即千年"。

德化窑址（尾林－内坂窑址、屈斗宫窑址）在"泉州：宋元中国的世界海洋商贸中心"遗产点中，与磁灶窑址、安溪青阳下草埔冶铁遗址一起，共同体现了世界海洋贸易中心出口商品的生产，是宋元时期泉州手工业的珍贵见证。

宋元时期，泉州每天都在上演着"产—运—销"的繁忙景象。

联系着山区腹地与沿海平原的大型水、陆交通网络，承担着繁忙的进出口商品运输任务。沿海地带自北向南横跨了洛阳江、晋江、石井江的 3 座大型石桥洛阳桥、顺济桥、安平桥，在泉州与其南、北向富庶的沿海城镇间建立起了高速而便捷的通道，广阔的内陆腹地出产的瓷器、丝织品、铁器、酒、糖等货物源源不断地运送至港口，装载着特色商品的商船在冬季起航开赴南洋。来年的夏季，返航的海舶满载番货而归，高高矗立于宝盖山的万寿塔标示着家乡的方向，遥对岱屿门的六胜塔指引着泉州城的归途。如今，生产、交通史迹与水域、岸线和南北聚落的空间关系仍然保存，展示着海洋与城市、腹地产业基地紧密联系，展示着泉州千年来的商贸繁荣。

半城烟火半城仙

时间：2021 年 12 月 9 日下午
地点：市舶司遗址、西街

我和肖央还探访了市舶司遗址。刚来到市舶司我们就看到了门口的大牌子——"泉州人民电器厂"。这里曾是电器厂的旧址。

市舶司是海上对外贸易管理机构兼招商局，相当于现如今海关的管理机构。宋元时期中国海外贸易的管理机制不断完善，建立了系统的市舶制度、管理规约，并在沿海地区的一系列通商港口设置市舶司，加强海外贸易的运行管理。市舶司的设置标志着泉州正式成为开放的国家对外贸易口岸，这对宋元时期泉州的经济繁荣、文化交流以及海洋贸易各参与方的共同发展具有至关重要的意义。经考古发掘，市舶司面积约 15000 平方米。从 1087~1472 年，市舶

西街（遗产地供图）

司经历了近 400 年的繁荣时期。

在海上贸易最繁盛的时代，泉州市舶司的税收收入曾占到了国家财政收入的 2%，内陆腹地的商品运到市舶司报关才能够向外运输，海外的商品同样需要在市舶司报关才能够转卖。据记载，宋高宗绍兴六年（1136 年），一个名叫蒲啰辛的阿拉伯商人运载一船香料，从东南亚沿着海上丝绸之路来到泉州。泉州市舶司从这艘船上抽取了高达 30 万贯的关税。据《宋史·职官志》，宋代一个宰相的本俸是月薪 300 贯，一个普通县令的月薪只有 15 贯。

"万里少年团"在市舶司遗址汇合，周韵和张谨给我们讲述了她们"逛吃"一天的经历。她们首先来到西街，整条街印证了宋元时期商贸繁荣的景象，同时西街也是泉州市区保存最完整的古街区，保留着大量具有历史原貌的建筑。申遗过程中，西街进行了道路、房屋、基础设施修缮，如今依旧烟火气十足。

开元寺位于西街，是福建地区现存规模最大的佛教寺院建筑组群。唐垂拱二年（686 年）创寺，经历代兴扩，10 世纪达到极盛，主体格局定型于 13 世纪。寺院坐北朝南，由中路主体建筑群、东西石塔及东西两路附属组群等组成。寺院中路自南向北依次为紫云屏、天王殿（三门）与拜亭、拜庭及东西廊、大殿、甘露戒坛、藏经阁，藏经阁东侧有檀越祠院落三进。其中天王殿、大殿均始建于7 世纪的初唐，现存建筑形式均奠定于 14 世纪。

天王殿为单檐硬山屋顶，面阔五间，进深三间。大殿为重檐歇山顶，用黄琉璃瓦顶，柱身石雕龙纹，前出月台，规制宏敞。其建筑布局自 12 世纪时的七间五进发展为 14 世纪的九间七进，以至15 世纪以来的九间九进。九间建筑在古代是等级最高的古建筑之一，可见其规模宏大。

除了开元寺外，泉州的清净寺、南外宗正司遗址、泉州府文庙及学宫、伊斯兰教圣墓、草庵摩尼光佛造像、老君岩造像等，共同体现了泉州作为多元社区的特性，诠释着活跃在泉州的外国族群的文化、宗教和生活传统，也见证了宋元时期泉州的人群汇聚、商贸往来和文化繁荣。

泉州自古以来就是闽越文化、中原文化和海外文化的交融汇合地，现存的宗教有道教、佛教、基督教、伊斯兰教、印度教、天主教、犹太教、婆罗门教及世界少有的摩尼教等，完整保留了为数众多的古代宫观寺庙等建筑和大量与宗教有关的墓、碑、石刻、经书、典籍等，种类齐全，具有很高的考古、艺术价值。

泉州是伊斯兰教传入中国最早的地方之一。伊斯兰教创始人穆罕默德的两个门徒沙仕谒和我高仕长眠于泉州东门外的灵山圣墓，距今已有1300多年的历史。泉州清净寺的阿拉伯文名为"艾苏哈卜清真寺"（意译为"圣友寺"），始建于北宋大中祥符二年（1009年），是泉州最早建立的伊斯兰教寺院，也是我国现存最早、保护最完整的具有阿拉伯建筑风格的清真寺。该寺选址于11世纪初期泉州古城的南墙外，北临南护城河（八卦沟）。这一区域是宋元泉州城中外国人的主要聚居区，也靠近城市以东的穆斯林墓地。1310年，由穆斯林主导的修缮奠定了现存建筑群的主体格局，也使寺院整体呈现伊斯兰建筑风格。墙面及壁龛上多处浮雕有阿拉伯文的《古兰经》铭文，其中两方铭文内容为"船舶在海中带着真主的恩惠而远行"，"商业不能使他们疏忽而不纪念真主"，均与穆斯林的海上贸易活动有关。

　　清源山老君岩的老君造像是我国现存最大的道教石雕造像，也是我国道教石刻中独一无二的艺术瑰宝，因此称之为"老子天下第一"倒也名副其实。造像雕于宋代，高5.63米、厚6.85米、宽8.01米，席地面积55平方米。据清代乾隆年间编纂的《泉州府志》载，老君造像是一块形状肖似老翁的天然巨岩经加工而成的。整座石像巍然端坐，左手扶膝，右手凭几，双眼含笑，须眉皓然，真可谓"风动髯动，指能弹物"。严格地说，老君造像的耳朵和双膝似乎不合比例，甚至全身都不合比例，但却神韵毕现。造像周围原有一座高大的道观围护，规模宏伟的真君殿、北斗殿等道教建筑颇为壮观，但明代以后毁废无存，老君造像便露天巍坐，与大自然浑为一体。这样一来反倒返璞归真，与老子"道法自然"的理念相合，天人合一，超然物外。老君造像经风历雨，保存至今，已被列为全国重点文物保护单位，吸引着越来越多的海内外游客。

草庵摩尼光佛造像（新华社供图）

　　发源于古波斯的摩尼教于 6~7 世纪经我国新疆一带传入内地，在长安、洛阳以至南方的荆、洪、越等州建有摩尼教寺。自五代以来就有摩尼教（时已改名明教）在泉州民间活动的记录。作为泉州首邑的晋江，摩尼教（明教）活动比较兴盛。宋代有教徒烧制"明教会"碗，定期于华表山麓的草庵聚会。到了元代，有教徒在草庵建造石室，在山崖上镌造摩尼光佛石像。由此，草庵因其保存的元代摩尼教石刻及宋代"明教会"碗，被誉为"世界上现存最完好的摩尼教遗址之一"。该寺的摩尼光佛造像照片，为国际摩尼教研究出版物所广为刊用。

　　泉州素以"半城烟火半城仙"表达城市特色。"半城烟火"是指当年海内、海外的船都停靠在泉州港，中外商人、使者、官员、士大夫、僧侣、民众等各界人士共同生活在这里，城市烟火气十足，

| 天王殿印度教石柱（遗产地供图）

据说繁盛时泉州城中有 100 多种语言。"半城仙"指当时各国人民在泉州留下了多元而绚烂的贸易活动和宗教寺庙、塔等文化、生活印迹，而且彼此交融共生。比如开元寺天王殿殿前月台的须弥座上饰有印度教狮身人面像石雕，殿后檐明间两柱为辉绿岩雕刻的印度教石柱；大殿为殿堂构造，殿内斗栱饰 24 尊妙音鸟式飞天乐伎，造型各异，融合了外来视觉形象元素，这些都体现了泉州多元、开放、包容的特性。

我常说衡量遗产保护、修复的最好标准就是让当地居民参与其中、生活其中，让遗产保持活态。居民生活其中才能共同行动起来，自发地保护遗产。泉州申遗成功，其中很重要的一点就是遗产点向社会开放，提升了遗产地环境和居民生活条件，建立了完善展示的阐释系统，增强了公众的遗产认知和保护自觉。

作为泉州重要的公共建筑或宗教场所，泉州府文庙、开元寺、天后宫、清净寺、圣墓、真武庙、草庵等地历来是泉州公众生活的重要聚集地，因此，除清净寺象征性地收取门票外（仅3元人民币），其他场所全部免费开放。泉州当地利用文庙的古建筑及其附属广场空间、建筑基址等设置主题展览、不定期文化讲座、城市书吧、传统地方戏曲表演、市民公众文娱活动等，保持着传统空间与当代生活的联系。开元寺常年举办佛教活动、泉州府文庙周期性举行儒学活动与公众教育讲堂、真武庙举行"海神巡境"传统活动、大量进香团祭拜天后宫妈祖，还有在清净寺和伊斯兰教圣墓常有的穆斯林活动等，都还延续着传统文化特征。沿海地区的古码头虽不再承担现代港口的功能，但依然为普通渔民日常使用与维护；而洛阳桥与南北两侧传统村落依然保持着紧密关系，承担村落之间的交通往来功能，时常可见村民在洛阳江畔捕鱼，桥头场地也成为村民聚集与活动的地点。

拉近遗产与民众的距离，延续了泉州独特的文化品格和多元的精神气质，也使公众对遗产充满自豪，并以主人翁意识在申遗过程中激发出爱护遗产、保护遗产的热情。申遗成功后，他们欣喜见证城市和生活的变化。

我们在泉州走访交流中，发现大家都有共同的愿望，就是一定要把家乡的世界遗产宣传出去。在洛阳桥上，我们遇到一家四姐妹，她们都是世遗义务讲解员。每个人带着不同的感情讲解遗产故事，都是出于同一个心愿——把泉州的世遗故事、保护故事讲给更多人听。商贸活动打造的多元社区赋予了泉州"半城烟火半城仙"的魅力，今天，泉州人民继续用情怀和自豪感创建鲜活的世界遗产典范城市。

延续千年的精神符号

时间：2021 年 12 月 10 日下午
地点：讲古剧场、德化月记窑遗址

　　"世界海洋商贸中心"的故事必须要从做生意的角度讲一讲，于是我们集体转道去讲古剧场，开展了一场圆桌会谈。

　　厦门大学经济学院的李嘉楠老师为我们系统讲解了泉州为什么是世界海洋商贸中心。泉州的 22 个遗产点，分为不同维度。比如洛阳桥、顺济桥、万寿塔等提供物流支撑；市舶司是制度支撑，提供完备的管理体系；德济门是兴盛的城区，提供发达的消费能力；等等。泉州在当时是一个完备的贸易港口，包含物流、制度、港口、消费、文化等方面，等同于现代的国际大都市。

　　李嘉楠老师还为我们展示了宋元时期泉州的国际商业网络。泉州是东南亚的国际贸易中心，航线向北到达日本和高丽，向东到达琉球，向西到达马来西亚、新加坡等，借助印度洋季风可以到达西亚的阿拉伯国家，泉州的贸易网络甚至延伸到非洲的埃及、肯尼亚等地区，满足这些地区对中国瓷器和丝绸的需求，从而奠定了泉州的世界商贸地位。

　　我们往往关注遗产的科学价值、文化价值、艺术价值，而泉州扩展了遗产的商贸价值，这就是泉州作为商贸中心的特色。在这里经济和文化、艺术不是割裂的关系，借助商贸经济，城市因此而兴，因此而盛。

　　泉州不同于依靠重工业发展的城市，而是延续宋元时期的商业

开元寺东西塔（新华社供图）

传统，经济体系以民营经济为主，国际贸易为主，并不断创造泉州辉煌。这离不开泉州人民的拼搏精神。泉州有句谚语："站着像东西塔，躺着像洛阳桥"。这句谚语体现了泉州人的文化精神符号——堂堂正正，不屈不挠。

2020 年，泉州生产总值突破 10000 亿大关，在全国排名 18。泉州非省会、经济特区，但 GDP 连续 22 年排名福建第一。这其中泉州民营经济贡献了 80% 的 GDP、80% 的税收、90% 的就业、90% 的企业数量。

第一天拍摄时，我在洛阳桥偶遇老朋友刘大山老师，当我还诧异如此碰巧的时候，他说从小就生活在洛阳桥旁的桥南社区。算起来，我和他早在 2008 年就相识了。当年汶川地震使都江堰古建筑群遭到破坏，国家文物局紧急召集全国最优秀的队伍进行修缮工作，其中一支就是刘大山老师带领的保护修缮施工队。他们去的时候什么都没带，别的队伍要条件，但他们什么要求都没有。自己搭窝棚住，任务很艰巨，但从不畏缩，不辞辛苦。最终花了三年时间，把都江堰古建筑群修好了。

刘大山老师的队伍目前在世界各地修缮古建筑，20世纪90年代洛阳桥的修缮工作也是刘大山老师团队完成的，他给我们讲述了当时的修缮过程。在修旧如旧的大前提下，修缮每个细节都要反复推敲，上会研究。当时在清理护坡时，由于洛阳桥地处入海口，潮涨潮落不适合围堰，所以大家不分日夜，利用退潮的时间进行修缮工作。有时施工人员会在河床上发现遗落的构件，这些构件不是挂满滑溜溜的泥土，就是长满了外壳锋利的海蛎，大家利用退潮时段用抽水机抽海水冲洗，这样施工人员才能把构件打捞上来。最终历时三年半，恢复了洛阳桥往日的尊严。泉州有一首很有名的闽南语歌曲《爱拼才会赢》，而一代代泉州人也在用实际行动继续传承拼搏精神。

除了商业，泉州的非物质文化也得到了传承和保护，成为另一个精神符号。在讲古剧场，泉州市非中实掌中木偶剧团第四代传承人沈艺捷父子为我们表演了一段讲述中外交流的木偶戏。布袋木偶戏是最常看到的汉族民间戏曲表演之一，是闽南语系的传统地方戏剧之一。八岁的小朋友表演传统戏曲，让我们相信泉州未来的发展会更好。

泉州的非物质文化遗产还有南音。南音也称"弦管""泉州南音"，是中国现存最古老的乐种之一，被誉为"中国音乐史上的活化石"，2006年被列入第一批国家级非物质文化遗产名录，2009年被联合国教科文组织列入非物质文化遗产代表作名录。两汉、两晋、唐、两宋等朝代，中原移民把音乐文化带入以泉州为中心的闽南地区，并与当地民间音乐融合，形成了具有中原古乐遗韵的文化表现形式。

| 布袋木偶戏

　　泉州南音有着深厚的群众基础，作为陶冶情操、自娱自乐的文化表现形式，它与闽南人的生活密切相关，闽南人聚居之地几乎都有民间南音社团。除了在闽南地区的泉州、漳州、厦门和港、澳、台地区以外，泉州南音还流播到菲律宾、印度尼西亚、新加坡、马来西亚、泰国、缅甸、越南等国家，成为维系海外侨胞和台湾同胞乡情的精神纽带，对增进民族认同感也起到了积极作用。

　　牛骏峰和嘉宾谭维维探访了"玩"新派南音的一群年轻人，他们自称为"文化富二代"。这群年轻人向内挖掘、学习传统文化，向外以蓬勃的朝气、创新的方式传播泉州的魅力和对于家乡的骄傲。谭维维一直想创作一首关于南音的歌曲，所以他们还去了泉州师范学校，与专业学习传统南音的同学们完成了一场悠扬、清丽、委婉的南音表演。

　　泉州作为宋元中国与世界文明的对话窗口，展现了完备的水路交通网络、制度体系、发达的经济水平以及多元、开放、包容的文

化态度；对该时期亚洲海洋贸易的高度繁荣、东亚与东南亚的社会发展做出了突出贡献，同时延续千年的精神符号也赋予泉州书写历史、缔造今日、开创未来的不竭动力。两天的拍摄时间，我们探访了泉州曾经的辉煌，也游览了泉州现在的美好，还体验了泉州的非物质文化遗产，这三重体会通过商贸串联到了一起。泉州世界遗产的魅力也以不同的侧面展现在我们每个人面前。

依山而筑的月记窑是一座燃烧 400 多年没有中断的龙窑。月记窑和散落在德化的 200 多个窑址，共同见证着一件件温润如玉的"中国白"。我们这次的世遗唤醒行动是重现泉州腹地生产的精美商品出口贸易的过程。我从月记窑接过一个瓷瓶，通过桥梁、码头和航标塔组成的水路交通网络来到海港，"万里少年团"一起登船，延续着渔民们出海放炮祈求平安的习俗，我们一起扬帆起航。

第四站
殷 墟

....

遗产地档案

遗产名称	殷墟
遗产位置	河南省安阳市
列入世遗时间	2006 年
遗产种类	文化遗产
遗产地边界范围	遗产申报区范围：414 公顷 缓冲区面积：720 公顷

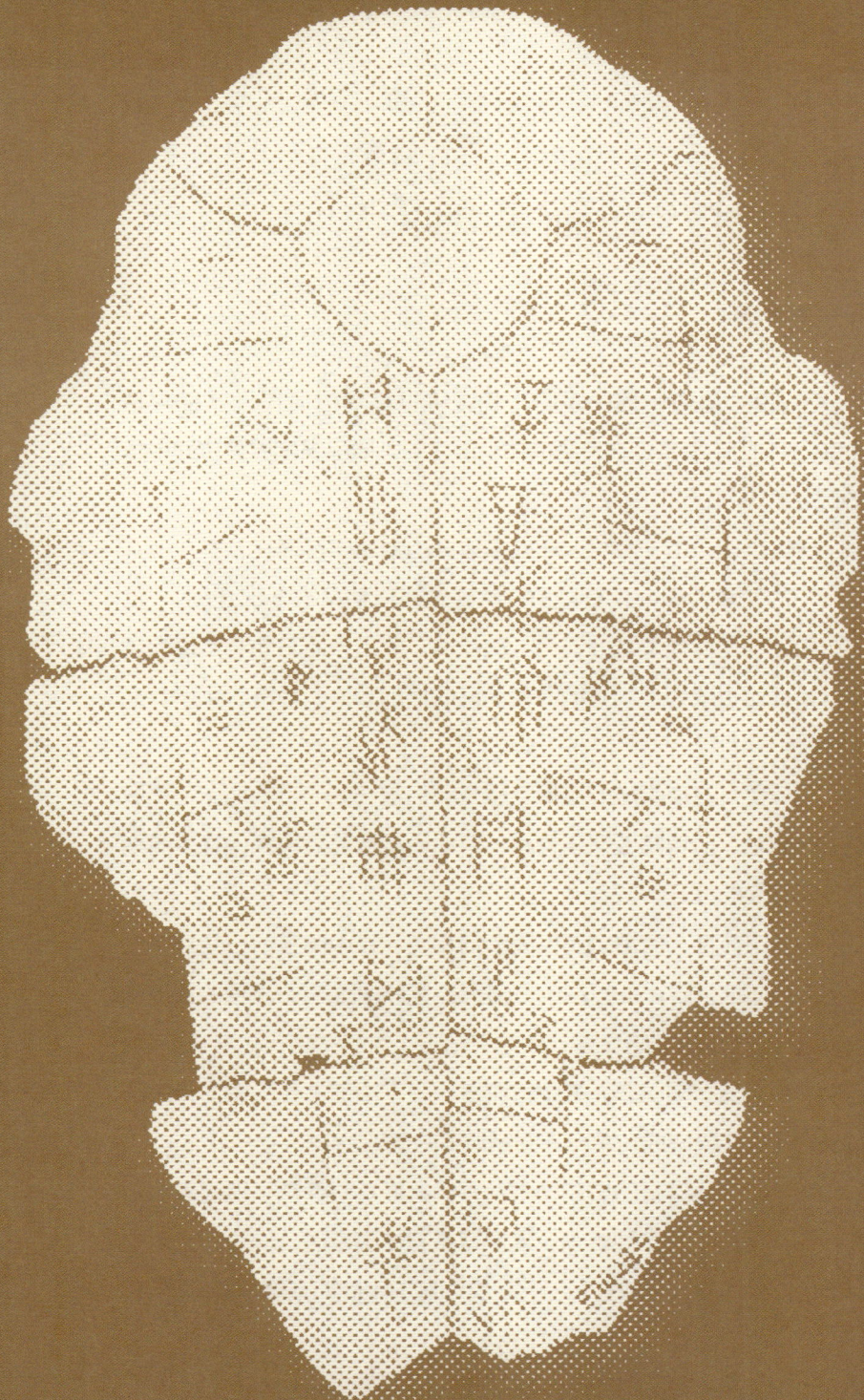

青铜时代的强盛国家

时间：2021 年 10 月 17 日上午
地点：殷墟王陵区

　　《万里走单骑》第一季时，我曾讲过良渚古城遗址实证中华5000 年文明的故事。在良渚成功申遗之前，国际汉学界曾认为中华文明始于 3500 年前的商代。

　　商代早期，由于政治、环境等诸多因素，国都屡迁，有"前八后五"的说法，即商灭夏以前 8 次迁徙，以后又有 5 次迁徙。"盘庚迁殷"便是商代都城的最后一次迁徙。此后，商王朝有了很大发展，其都城也成为中国青铜时代鼎盛时期的政治、经济、军事、文化中心。

　　殷墟便是这座都城的遗址，也是我们这一站的目的地。它由殷墟王陵遗址、殷墟宫殿宗庙遗址、洹北商城遗址等构成，是夏商期间规模最大的都城。

　　殷墟王陵区与宫殿宗庙区隔洹河相望，是中国目前已知最早的完整的王陵区。自 1934 年起，王陵区共发现 13 座带墓道的大墓和2000 多座祭祀坑、陪葬墓。在这里出土了大量文物，包括青铜器、甲骨文、玉器、陶器等。其中青铜器代表了中国古代青铜文化的最高成就，也使殷墟成为发现青铜器最多的遗址。

　　在一些先秦题材的古装剧中，青铜器道具的颜色呈现出黑褐色或青色，这其实是一种误导。青铜器在制作出来时，一般会呈现出金黄色，并因其合金成分和工艺、纹饰等的不同而呈现不同的光泽。

| 殷墟王陵区，可见"中"字形墓葬（遗产地供图）

　　我们在博物馆中看到的绿色、蓝色、银色、灰白色等颜色的青铜器，其实是铜和锡等金属氧化后所呈现的颜色。古代青铜器在实际使用中，通常会有专人维护，一般是不会生锈的。

　　铜是人类最早使用的金属，利用铜打造的器物要比石器有更多的优越性。后来，人们发现在纯铜中加入铅或锡，能够提高器物的硬度和抗腐蚀性，也更有光泽，由此创制了青铜器。人类历史上最早的青铜文明出现在公元前4000年左右，一般认为公元前2000年左右的二里头文化是中国青铜时代的开端。与两河流域和欧洲的一些地区相比，中国进入青铜时代并不算早。然而，中国的青铜文明一经出现就迅速发展。

　　发展到商周，中国青铜器的冶炼和铸造技艺达到了鼎盛时期。据不完全统计，在过去90多年的考古发掘中，殷墟出土青铜容器

殷墟出土墓葬，可见觚、爵、鼎等青铜器（遗产地供图）

6000 余件，在殷墟范围内就发现和发掘过多个铸铜作坊遗址。

殷墟出土的青铜器，包括玉器，大多是作为礼器为死者随葬或祭祀之用，也有一些青铜器被发掘于专门的窖藏坑。这与两河流域文明和古希腊、古罗马文明中的青铜器主要用于制造兵器、工具或者人偶像有所不同。殷墟考古发掘中用于随葬的青铜器通常以觚、爵为核心，或者在觚、爵之外再追加其他青铜器，形成一种比较稳定的组合关系。通过观察一个墓葬中随葬觚、爵"套数"的多少，可以判定墓葬主人的社会地位。

很多铜器在随葬时还盛着肉食、粮食甚至美酒。因此有时我们会发现出土的鼎中带有骨头（肉已经腐化消解），甚至一些酒器中还有液体存留。此外，还有乐器、兵器等青铜器出土，可见青铜器的功能和用途多样。

殷墟青铜器是古代科技与艺术、雕塑与绘画的完美结合，达到了范铸工艺的最高水平。其青铜礼器厚重精美，在造型上常常以实际的或想象中的动物形象作为模型，如妇好鸮尊、妇好圈足觥、鸮卣等。器表的花纹装饰崇尚繁缛，流行以雷纹为底纹，饕餮纹、夔纹为主体的通体装饰，给人以稳重、庄严而又神秘的感觉。

妇好鸮尊被誉为宝藏中的珍品，通高 45.9 厘米，口径 16.4 厘米，属于容酒器中的鸟兽尊。尊的表面布满花纹，有蝉纹、羽纹、倒夔纹、兽面纹等。鸮是猫头鹰的古称，早在史前年代，这种昼伏夜出的神秘鸟类就被认为是智慧的象征，成为原始人类的崇拜对象，以鸮的形象制作青铜尊，凸显主人的智慧尊贵，折射出这种源自史前的文化遗留。

妇好鸮尊出土于妇好墓。墓主妇好是商王武丁之妻，在铜器铭文中也称"后母辛"。这是一位集王后、将军、祭司、母亲于一身的传奇人物。巧合的是，发现妇好墓，并从铜器铭文中"认出"妇好的，也是一位"女将军"——中华人民共和国第一位女考古学研究员郑振香老师。这座墓葬埋藏得很深，考古队挖透了 6 米多深的夯土层才发现墓室。妇好墓出土了近 500 件青铜器和大量玉器、骨器、海贝等，提供了解开商王朝历史的多把钥匙。一些玉器甚至比妇好所处的年代早一两

| 妇好鸮尊（遗产地供图）

后母戊鼎（遗产地供图）

千年，是十分珍贵的研究资料。

在青铜文明中，铜是重要的战略资源储备。鼎作为重要的青铜礼器，其轻重可以衡量国家的强弱，"问鼎中原"这个成语也流传至今。殷墟王陵出土了被誉为国之重器的"后母戊鼎"，高133厘米，口长110厘米，口宽78厘米，重832.84千克，是目前世界上已发现的最大的青铜鼎，显示出当时高超的冶炼技术。

殷墟王陵的墓葬普遍较深，加之又在地下，远望去是大片空地。为了保护遗产的真实性和完整性，殷墟已经考古发掘的遗址除少量保护性展示外，大多地下回填保护，地表基本上保持了殷墟原有的环境和历史面貌。为了更好地向公众展示我们的灿烂文化，殷墟采用地表复原、地表植被标示等方法向公众展示。在王陵区我们可以看到用灌木、石子标示出来的"中"字形、"亚"字形墓葬。这些大墓墓室宏大，形制壮阔。面积最大者达1803平方米，深达15米。

有人提出，既然用地表植被作为标示，为何不种一些树，既有明显指示作用，又可供观赏和乘凉，岂不是一举两得？事实上，一般的王陵区范围都不会种植树木，因为树木根系可能会影响地下遗址的本体。如果读者朋友们来到殷墟王陵、西夏王陵等地参观，感觉到很晒，了解到这样的缘故，或可稍减疲惫。

一片甲骨惊天下

时间：2021 年 10 月 17 日下午
地点：殷墟博物馆

20 世纪 80 年代，考古学家夏鼐先生在名著《中国文明的起源》中提出了考古学研究我国文明起源，需要着重探索 3 种标志性遗存，即作为政治、经济、文化各方面活动中心的城市、文字记载、冶炼金属，被称为"文明三要素"。

作为 20 世纪中国"100 项重大考古发现"之首，殷墟的发现与甲骨文关系密切。1899 年，清末金石学家王懿荣发现并考证殷墟甲骨文是商代的文字。后经学者多方求证和探索，甲骨文的出土地安阳小屯被确认为是中国古代文献中的殷墟所在。

从 1899 年王懿荣首次发现甲骨刻辞，到 1928 年我国学术机构首次组织对殷墟的发掘，再到 1999 年考古学家在殷墟保护范围的东北部发现洹北商城，考古发现和科学研究成果使河南殷墟遗址具备了"文明三要素"的典型特征。

第一天上午，"万里少年团"的成员们分组探寻了殷墟王陵区和宫殿宗庙区，于是大家决定一起到殷墟博物馆开一场圆桌会谈，分享殷墟"看点"。在这里我们遇到了唐际根老师，他是殷墟申遗工作的主要参与者，多年来在殷墟开展考古工作。70 后、80 后、90 后"看点"发生碰撞，但青铜器、甲骨文是大家共同关注的"看点"。殷墟因青铜器奠定了在考古学界的地位，更因甲骨文而享誉国内外。中国境内发现甲骨文的地点，除安阳之外，还有河南郑州、河北邢台、北京琉璃河、陕西周原、山东济南等地，但这些地点出土甲骨数量极少。安阳殷墟甲骨文占中国全部出土甲骨文总数的99%以上。

我们已经知道，甲骨文在当时用于占卜活动。从出土实物呈现的殷人占卜活动中，可以看出令人惊讶的周密程序与严谨章法，已经初步形成了一套完整的礼仪范式。研究表明，殷人通过钻孔、烧甲得到预示着吉凶的裂纹。龟甲上的甲骨文刻辞记录着对裂纹的解读。

唐际根老师拿出一些刻着甲骨文字的甲骨复制品，让大家来辨别。"日月山川""安""康"及十二生肖等均在其中，大家很快认了出来。

为什么我们至今仍能看懂甲骨文呢？与今天的汉字相比，甲骨文带有一定的原始性。字的结构还不大固定，一些字既可反写也可正写；偏旁可左可右，笔画还可增减；有时还会出现所谓"异字同形"和合体字。书写方式也比较灵活，或水平行文，或垂直行文，或向左读写，或向右读写。但是象形、会意、形声三大汉字造字原理，在甲骨文中均有体现。

实际上的甲骨文释读工作是科学而漫长的过程。目前，殷墟出土的150000余片甲骨中，单字4500个，其中有

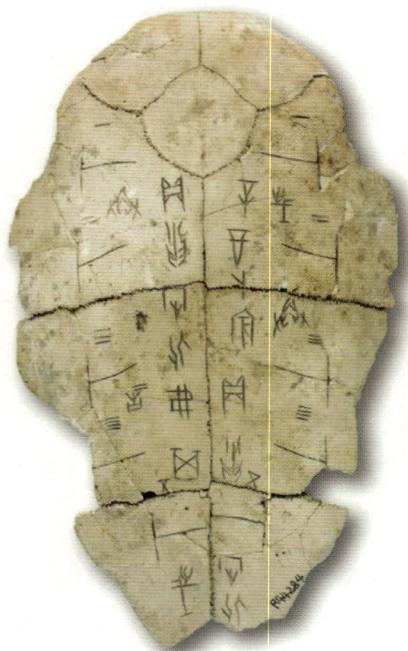

| 殷墟出土甲骨（遗产地供图）

2000 多个单字已被释读，余下难以破译的字被重金悬赏。

其实清代就已有人开始甲骨文的研究和破译工作了。1903 年著有小说《老残游记》的刘鹗将 1058 片甲骨选拓成书，编为《铁云藏龟》6 册。这是世界上关于甲骨文的第一本专著。在书中，刘鹗明确指出，甲骨文是殷人刀笔文字，乃商代遗物。刘鹗还在书中试释了 40 多个甲骨文，后被证明正确无误的有 34 个。《铁云藏龟》的出版让更多学者得以认识和研究这种从未见过的上古文字。清末经学大师孙诒让便是通过《铁云藏龟》了解到甲骨文的。他在 1904 年完成的《契文举例》一书中考释了 334 个甲骨文字，其中识认正确的有 185 个，成为第一部考释甲骨文的开创性著作。

殷墟甲骨文是中国目前已知最早的成系统的文字，是当今十几亿人使用并影响到一些其他文字和文化的汉字的源头。甲骨文与古埃及圣书字、古巴比伦楔形文字、玛雅文字并称为世界四大古文字。但是古埃及、古巴比伦及玛雅文字在使用的过程中已逐渐消失，而与甲骨文一脉相承的汉字，经过 3000 多年的发展、演变，其书体虽然经历了金文、篆书、隶书、楷书等演变，但是以形、音、义为特征的文字和基本语法基本保留下来，至今仍为人们使用，这在世界上是绝无仅有的，甲骨文也因此成为世界四大古文字中唯一传承至今的文字。

世界上最古老的四大文明，只有中华文明的发展未曾断裂。世界上最古老的四大文字体系，只有甲骨文经过发展后沿用至今。然而现在的人"提笔忘字"是常态。有报纸曾发起一项调查显示，98.8% 的受访者曾遇到"提笔忘字"的情况。现在我们常使用电子设备输入文字，"提笔忘字"几乎是习以为常，但这对流传了几千年的汉字来说，却是个大问题。

3000 多年来，只有方块汉字，一次又一次地适应着时代，在一代代中国人的手中，不停地被书写、被运用。在中华文明的连续性上，汉字的影响力功不可没，一个个坚韧稳固的汉字不仅承载着民族的记忆，也深蕴着民族的性格和自信。如果想让我们的汉字一直保持旺盛的生命力，就要从每个人做起。也许，放下手机，拿起笔，就是你为传承中华文明做出贡献的第一步。

中国考古学家的摇篮

时间：2021 年 10 月 17 日下午
地点：考古工作站

中华五千年文明是炎黄子孙的共识，为何国外学术界仍对此表示怀疑呢？其实，古代文献中对黄帝和炎帝乃至尧舜禹时期的记述都属古史传说的范畴，对中国古代第一个王朝——夏朝的历史记载也极其简略，很难据此全面地研究当时的历史，更无法判断当时的社会形态。要消除学术界存在的种种疑虑，考古学就显得十分重要。正是大批重要的考古发现，为研究中华文明的悠久历史提供了重要的实物依据。

殷墟是中国考古发掘次数最多、持续时间最长、发掘面积最大的一处古代都城遗址。1928 年开始的殷墟考古发掘，是中国学术机构第一次独立组织的考古发掘，使殷墟成为中国近现代考古学的发轫地，造就出李济、梁思永、夏鼐等一批世界知名的考古学家。

在殷墟拍摄的当天，正值仰韶文化发现暨中国现代考古学诞生100 周年纪念大会在河南省三门峡市召开。1921 年渑池县仰韶村铲

殷墟考古人员合影，摄于 1936 年冬。（遗产地供图）
后排左起：董作宾、梁思永、李济、李光宇、胡厚宣、高去寻
前排左起：王湘、石璋如、刘耀、郭宝钧、李景聃、祁延霈

下第一铲土，开启了中国现代考古学。经过百年风雨历程，殷墟、周口店、良渚、三星堆等无数遗址重见天日，补齐我国人类史与5000 多年文明史的缺环，让世界见证了中华文明的源远流长，更引发我们对前辈考古学家们的缅怀。

梁思永先生是我国近代著名政治家、思想家、国学大师梁启超先生的次子，更是中国近代考古学和考古教育开拓者之一。诸多前辈都曾对梁思永先生的功绩给予高度的评价。当代考古学家张忠培先生曾这样评价："梁思永先生是中国考古学的一位'巨星'，是中国考古学最重要的一位奠基人，更是新中国考古事业最重要的奠基人之一。"

中国近代田野考古发掘技术，尤其在地层学方面取得的突破性进展，与梁思永先生的杰出贡献密不可分。作为参与殷墟发掘最重

|1976 年妇好墓发掘现场（遗产地供图）

要的成员之一，梁思永先生策划和主持了安阳西北岗殷墟王陵的发掘。1931 年，梁思永先生在安阳高楼庄后岗，依土质土色划分土层，揭示出了非常清楚的地层关系，这就是著名的后岗三叠层，即小屯—龙山—仰韶上下叠压，从而得出小屯商文化晚于龙山文化且龙山文化又晚于仰韶文化的结论。因此，后岗三叠层的发现成为解开中国史前文化之谜的钥匙。直至今天，地层学与类型学仍是中国考古学必须坚持的、基本的和核心的方法论，而这一方法论的形成，梁思永先生厥功至伟。

在殷墟王陵区，我们还提到过中华人民共和国第一位女考古学研究员郑振香老师主持妇好墓发掘的故事。1976 年，郑振香老师主持殷墟宫殿区一处房基的发掘。一个半月过去了，房基以外仍未发现其他遗迹，有人建议放弃。但郑振香老师坚持收工前再用洛阳铲钻探一遍。这样才最终发现了妇好墓。整个过程中，倘若郑振香老师在任意一个环节有所动摇，妇好墓就会继续长眠地下。此后，郑振香老师在繁重的考古发掘工作之余，又对妇好墓做了大量研究工作，可以说郑振香老师与妇好墓的缘分，源于她对文化遗产工作的热忱和执着。

据统计，半数以上的中国知名考古学家曾在殷墟工作过。殷墟田野工作中所创造的方法被带到各地，并应用于考古作业中。殷墟也因此被称为"中国考古学家的摇篮"。于是我们决定去安阳考古工作站看看，在这里我们遇到了正带着年轻人拼陶片的牛世山老师。

陶器是殷墟最常见的文化遗物，在历次考古发掘中都有出土，见于各类生活性场所、手工业作坊区和墓葬。殷墟出土陶器的数量和种类，远多于一般遗址。据李济先生《殷墟器物甲编·陶器》（上辑）记载，1928~1937 年殷墟 15 次发掘，统计有"将近 25 万块的陶片以及 1500 余件可复原的陶器"，实际出土陶片超过此数。据《殷墟发掘报告》，1958~1961 年，中国科学院考古研究所（今中国社会科学院考古研究所）安阳工作队发掘收集到的陶片有十几万片，遗址、墓葬出土陶容器 1000 余件；1969~1977 年，殷墟西区墓出土陶容器共 2014 件。

出土的陶器多是碎片，这就需要考古工作人员在田野发掘之后，进行陶片的清洗、分类、拼对等工作。清洗陶片表面的泥沙，按照陶质、陶色、器形、纹饰等要素进行分类，再进一步进行拼对，这些工作目前完全是由人工完成的。牛世山老师在 2003~2004 年整理安阳孝民屯的殷墟陶器时，在 25000 平方米的车马坑中发现了 37 万陶器残片，经过 380 多天才全部整理完成，时间成本巨大。

此类工作，有没有借助科技力量完成的可能呢？这让我想起故宫博物院《蒋懋德画山水图贴落》修复的故事。这是乾隆花园最高建筑符望阁中的一幅巨型贴落，高 4.4 米、宽 2.8 米。因为尺幅太大，贴落一直折叠存放，绢质糟朽、缺失严重，修复师也不敢轻易打开，一碰就掉渣。故宫博物院采用三维视频显微镜、红外成像等技术手段对贴落进行拼接、修复，有效缩短了修复时间。

这个事例让我们有理由期待，未来可以借助科技对陶片进行编号录入和智能拼接，节省大量人力、物力。而眼下，只能靠考古人员长年累月的执着和坚守。这些工作看起来重复、单调，但我们看到的是每一位工作人员都对工作充满了热情。

在考古工作站，我们看到了很多年轻的女孩子，她们有的还没毕业，有的已在这里工作几年了。她们讲述田野考古发掘，没有人强调辛苦，表达的都是对于考古发现的骄傲。正是这样一代代的安阳考古人，拼凑起了 3000 多年前的历史。现在"第四代安阳考古人"已经是考古发掘的主力，我们有信心，他们会为我们揭开殷墟更丰富的历史文化面貌。

唤醒世遗，"请回答 2022"

时间：2021 年 10 月 18 日下午
地点：文字博物馆

我在《万里走单骑：老单日记》一书中曾讲过努比亚遗址保护的国际合作故事。正是在这个过程中，国际社会意识到文化遗产是"人类共同的遗产"，从而在 20 世纪 70 年代产生了《保护世界文化和自然遗产公约》。中国在 1985 年加入这个公约。1987 年，长城、周口店北京人遗址、秦始皇兵马俑、故宫、莫高窟和泰山成为中国的第一批世界遗产。成为世界遗产后，这些地方吸引了来自世界各地的目光。由此，很多城市和地区加入申报世界遗产的行列中。特别是1997年，平遥和丽江两座小城成为世界遗产之后，我们手里就有了一张长长的申报世界遗产预备名单，大家都在积极申报，各遗产地竞争激烈。

2004年，第28届世界遗产大会在苏州举行。这次大会开得很成功，并出台了一项新规定：每年每个国家只能申报2个项目，且其中一个必须是自然遗产，而世界遗产大会每年只受理45个申报项目。从平衡文化多样性角度来看，这项规定无疑是正确的，它可以帮助那些还没有世界遗产的国家进入人类共同遗产的大家庭。但是我们国家历史悠久，文化遗产资源丰富，特别是在城市化加速进程中，很多遗产都带有抢救性质，成为世界遗产对于这些遗产地的保护传承意义重大。这项新规定也给我们统筹文化遗产保护工作带来了新挑战。一个直接的影响就是，每年申报世界遗产的行动更加艰苦卓绝，不敢有丝毫怠慢。如今每年世界有130多个国家申报世界遗产，经过国际古迹遗址理事会和世界遗产大会的筛选后，最终只有不到30项能成功。

2006年7月8日，第30届世界遗产大会在立陶宛开幕，殷墟作为中国唯一的申报世界文化遗产名录项目被列入审议日程。唐际根老师当时作为中方代表参加了大会，他给我们讲述了那一坎坷又激动的过程。

按照大会安排，本来预计7月9日就要讨论决定殷墟是否符合世界文化遗产条件，但因为有个别项目在讨论环节耗时过长，导致7月13日才对殷墟进行讨论表决。耽误时间的是第七项议程，围绕这项议程的讨论持续了将近两天时间。

第七项议程的内容主要涉及现有遗产的保护问题，包括气候变迁对文化遗产的影响，也包括已经列入濒危遗产名录的项目的重新讨论和评价，还包括已经进入遗产名录的其他项目的评价。例如德国政府在一处自然遗产附近修了一座桥，这座桥被认为严重影响了遗产的风貌。在我们看来，这座桥对德国这处遗产的影响其实是很有限的。可是与会的很多代表从专业角度认为应该对这个项目进行严重警告。很多类似项目被世界遗产大会给予了黄牌警告，可以看出与会代表、各成员国对世界遗产保护的严格要求和苛刻标准。在原则问题上，专家是绝对不会让步的。

　　新遗产提名讨论的推迟让每个人心中充满紧张，但是殷墟申遗成功的信心从没有减少。一方面因为殷墟申报的准备工作做得比较到位，更重要的还是安阳殷墟的突出普遍价值是毋庸置疑的。

　　7月13日，殷墟开始提名讨论，报告员宣讲完推荐报告，会议主席询问是否同意，满场即响起热烈掌声。殷墟申遗顺利获得通过，整个过程只用了5分钟。在殷墟之前审议的遗产项目，几乎都有专家发言，有的项目甚至有十几个专家轮番发言讨论，一个项目的讨论往往需要一个多小时。对于殷墟则没有一个专家发言质疑，只有掌声轰然而起，创下了没有一个专家发言的纪录。

　　结果毫无争议，并不代表准备过程的轻松，事实上殷墟的申报准备工作难度相当之大。地面的建筑，例如石窟、石刻，因为可视性强，申报世界遗产可能更容易阐释价值。而殷墟这样的考古遗址，在地下埋藏了3000多年，如何把它的价值、原真性以及完整性予以明确阐述，需要付出很大的努力。从这一点来说，殷墟的文物保护工作得到了世界的认可，也为今后这类遗址的保护树立了一个典范。

殷墟被评为 20 世纪中国 100 项重大考古发现之首，也是 20 世纪世界最伟大的考古发现之一。殷墟申遗成功代表着荣誉，同时也是一份巨大的责任。殷墟是"大遗址"，即文化遗产中规模大、价值高的文化遗址，如高句丽遗址、金沙遗址等都属于大遗址。但长期以来，我国大遗址保护状况令人担忧。最突出的问题是大遗址保护和城乡建设矛盾突出。随着城市化进程的加快和大规模基础建设，一些位于城市中心区的大遗址遭到蚕食；一些位于城乡接合部或城市郊区的大遗址被推平；一些位于郊野的大遗址在高速公路、铁路、输油管线的建设中，本体与环境遭受严重破坏。在申报世界遗产之前，殷墟周围的环境不容乐观，出入殷墟的必经之路安钢大道整日有大货车和拉煤车呼啸而过，沿街墙面脏乱不堪。殷墟周边小屯村、花园庄等村的民房和庄稼地包围了殷墟宫殿宗庙遗址，与文化遗址的景观极不相称。从殷墟宫殿宗庙遗址通往王陵遗址的道路也不通畅，而且年久失修。这些问题在申遗过程中都得到了解决，但是未来依然应该警钟长鸣。

保护和建设的问题是每个遗产地都面临的，就如同在《万里走单骑》第一季时我们针对遗产地应不应该发展旅游进行过多次讨论。一些地方借"世界遗产"之名声，不加节制地发展旅游，极大伤害了遗产的原真性。正如殷墟刚申遗成功时，谢辰生先生所言："《保护世界文化和自然遗产公约》是一份'保护公约'，而不是'开发公约'，那种'重申报、轻管理、轻保护'的现象必须改变。"

我认为处理这个问题最基本的原则是让大遗址保护成果惠及广大民众，让老百姓从遗产保护中获得更好的收益，不仅是经济收益，也包括对家乡的自豪感和认同感等社会效益。要让年轻人在家乡找到创业机会。比如，殷墟的规划中要建设一个考古工厂，就是把豫

殷墟国家考古遗址公园（遗产地供图）

北纱厂做成一个工业改造的项目，类似于文博产业园，将文物的展览、修复和研学等植入，为年轻人提供更多的创业和就业机会。把一些有底蕴的乡村改造出来，变成民俗旅游村，增加村民的收入。同时，要把洹河变成一个水草丰美的沿河景观，把安钢濒洹河区域整治出来，把一些工业厂房改造成博物馆，为游客提供休闲、学习、研学、科普等多样化的旅游体验。

从"考古遗址保护"到"大遗址保护"，再到"国家考古遗址公园"的建设，我们已经逐渐摸索出一条中国特色的保护道路。我到国家文物局之后，首先面对的就是高句丽、殷墟国家考古遗址公园项目。今天我们看到有100年历史的广益纱厂旧址、武官庄历史文化村庄等，都是殷墟国家考古遗址公园内的文化资源，实现了多样性的科学保护和合理利用。人们在遗址公园里尽情地休闲游玩，我感到非常开心。这就是遗址保护给老百姓带来的好处，把对大遗址的保护工作融入经济社会发展，把殷墟遗址变成一个可以让游客

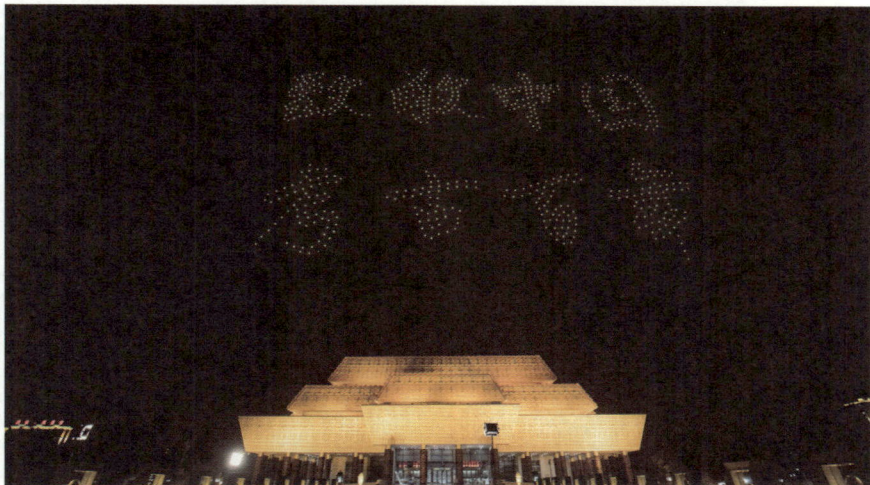
世遗唤醒行动——无人机汉字表演

和市民欣赏文化、分享文化、共享文化的宝藏之地。未来通过连片的发展和推广，殷墟的文化底蕴一定会得到更好的展现。

通过两天的探访，我们共同释读了3000多年前的生活，因此对殷墟的未来有了很多想法和期待。大家决定在文字博物馆展开一场世遗唤醒行动，与安阳市民一起，联通殷商与2022年，畅想世界文化遗产殷墟的未来。

我们的世遗唤醒行动在文字博物馆举行，"万里少年团"和安阳市民一起在甲骨形的心愿牌上，写下对2022年的希望。一个小女孩写下稚嫩的字体，与甲骨文如出一辙，依稀能猜出"中国、家、安阳"。汉字源于甲骨文，历经千年发展，沿用至今。国富民强的今天，我们用一场无人机展现的汉字穿越几千年的表演，致敬先人文明、致敬中国考古百年。

第五站
大足石刻

遗产地档案

遗产名称	大足石刻
遗产位置	重庆市
列入世遗时间	1999 年
遗产种类	文化遗产
遗产地边界范围	遗产申报区范围：20.41 公顷 缓冲区面积：211.12 公顷

中国石窟艺术的最后一座丰碑

时间： 2021 年 11 月 22 日上午
地点： 宝顶山大佛湾

2005 年的央视春晚舞台上，一场《千手观音》的舞蹈表演震撼全场，家喻户晓，但是很少有人知道舞蹈中千手观音的造型原型来自重庆大足石刻。相比广为人知的中国四大石窟（莫高窟、云冈石窟、龙门石窟、麦积山石窟），同为石窟杰出范例的大足石刻也值得更多人的关注和保护。大足石刻作为石窟艺术史上的瑰宝，却不为大众熟知，这是一种遗憾，因此《万里走单骑》新的一站，我们共同来感受大足石刻的魅力。

1999 年 11 月 26 日，第 23 届世界遗产大会在摩洛哥马拉喀什市召开。12 月 1 日，全会一致表决通过大足石刻成为世界遗产。在整个 20 世纪，中国被列入《世界遗产名录》中的石窟类遗产只有两处——莫高窟和大足石刻，可见大足石刻的重要价值。

大足石刻位于重庆市大足区境内，距重庆市中心约 55 千米。大足山清水秀，物产丰富，名称取自"大丰大足"之意。之前交通不便，来参观的人很少，这也是大足不为人熟知的原因之一。1945年，著名史学家杨家骆组织的考察团来大足石刻考察，揭开了大足石刻科学考察的序幕。1947 年，著名建筑学家梁思成在普林斯顿大学做学术报告，首次将大足石刻介绍给国际学术界，反响强烈。

在中国，石窟艺术有着久远的历史传承。古印度的石窟艺术自3 世纪传入中国新疆，留下了克孜尔石窟遗存；之后传入敦煌，造

就敦煌莫高窟；魏晋时期（4~5世纪）山西云冈石窟创建；隋唐时期（6~9世纪）石窟艺术达到顶峰，其中最著名的就是洛阳龙门石窟。但是唐天宝（8世纪中叶）之后北方石窟艺术走向衰落。

与此同时，位于长江流域的大足县境内摩崖造像异军突起，从9世纪末至13世纪中叶建成了以"五山"（北山、宝顶山、南山、石篆山、石门山）摩崖造像为代表的大足石刻，形成了中国石窟艺术史上的又一次造像高峰，从而把中国石窟艺术史向后延续了400余年。此后，中国石窟艺术停滞，未再新开凿大型石窟，大足石刻也就成为中国石窟艺术的最后一座丰碑。

这一期我们邀请了李玉刚老师担任嘉宾，他来过大足很多次，还为大足写了两首歌：《天下大足》《宝顶之巅》。2021年9月17日在中国国家博物馆"殊胜大足——大足石刻特展"上，我曾听过李玉刚老师演唱《天下大足》。

> 清风又绿荷莲，几多相思聚散。误入藕花深处，却是她的
> 小船。昨夜浅酒呢喃，一袭婉约嫣然。可知海棠依旧，试问谁在
> 卷帘……天下大足，初见你时温婉，驻足此刻，爱你盛梦阑珊。
> 天下大足，又见你时雄观，福满人间，期待复兴梦圆……

在序言中我曾讲述 2005 年，文化部部长孙家正同志创作文化
遗产公益歌曲《寻找与守望》的故事。《天下大足》为世界遗产大足
石刻而写，它的广为传唱也必然会为文化遗产的传承贡献力量。我
们邀请李玉刚老师现场演唱了《天下大足》，曲调悠扬，增添了对
大足石刻的心驰神往。

大足石刻现有被列为各级文物保护单位的石刻造像 75 处，其
中，"五山" 摩崖造像各具特色和价值。于是我们继续分组探寻，展
现大足石刻的多元魅力。

"管了5万个石头人"

时间：2021 年 11 月 22 日上午
地点：北山

可能有人会好奇，除了延续石窟艺术史之外，与中国四大石窟
相比，大足石刻的独特价值体现在何处？

古印度石窟艺术在传入中国的过程中，呈现逐渐融合、再创的
新趋势。以云冈石窟为代表的早期石窟艺术受印度犍陀罗和笈多式

艺术的影响较为明显，造像多呈现出"胡貌梵相"的特点。以龙门石窟为代表的中期石窟艺术表现出印度文化与中国文化相融合的特点。而作为晚期石窟艺术代表作的大足石刻在吸收、融合前期石窟艺术精华的基础上，以集儒释道三教造像之大成而异于前期石窟。以鲜明的民族化、生活化特色，在中国石窟艺术中独树一帜。

大足石刻艺术博物馆首任馆长郭相颖老师带我们参观了北山石刻。他不仅是"申遗"工作的主要发起和操办者，还自始至终经历了全过程，今年已经80多岁。1974年初郭相颖老师被调到大足县文管所工作，他在北山上住了10年，前五六年山上只有他一个人，也没有水电。说起大足石刻，郭相颖老师笑称自己"管了5万个石头人"。

北山，古名龙岗山，海拔545.5米。北山摩崖造像位于山巅（俗称佛湾），开凿于唐景福元年至南宋绍兴年间（892~1162年），是大足石刻最大的一组石刻群，摩崖造像近万尊。造像依着高达7~10米的崖面而建，绵延近300米。龛窟密如蜂房，分为南、北两段。其中包含造像264龛窟，阴刻图1幅，经幢8座。

北山摩崖造像中，现存碑碣7通。韦君靖碑的碑文记述了韦君靖建永昌寨，开凿北山石窟的过程，还记录了唐代川中几次重大战役等史事，是大足现存唯一的唐碑，可补史之缺载，史料价值极高。除了韦君靖碑，还有书法艺术之珍品赵懿简公神道碑，是宋代书法名家蔡京所书；古文孝经碑则被史家们称为"寰宇间仅此一刻"。此外，北山还存有题刻、诗词17件，造像记77件。对历史地理、宗教信仰、石窟断代分期、历史人物等的研究皆具较高价值。

北山被誉为9世纪末至13世纪中叶间的"石窟艺术陈列馆"，保存了从唐末经五代到南宋的造像。在北山石刻长廊中，我们可以明显看到石窟艺术从唐到宋的风格演变。

9世纪末的唐代造像题材有12种类型，以观音及观音、地藏合龛和阿弥陀佛胁侍观音、地藏居多。造像端面如满月、肌体丰润、衣纹细密、薄衣贴体，具有盛唐遗风。毗沙门天王龛、释迦牟尼佛龛、三世佛龛、阿弥陀佛龛等都是其代表作品。尤其是观无量寿佛经变相内容丰富，层次分明，刻有"西方三圣""三品九生""未生怨""十六观"及伎乐天人等，楼台亭阁结构复杂。观无量寿佛经变相建于唐末，千年后仍保存完整。在中国现存石窟中，已很难找到如此完整的造像了。

10世纪中叶的五代造像占北山造像的三分之一以上，是五代时期造像最多的地区，有着承上启下的重要作用。五代时期造像题材有18种，出现了药师经变、陀罗尼经幢等新内容。其艺术特点是小巧玲珑，体态多变，神情潇洒，纹饰渐趋繁丽，呈现出由唐至宋的过渡风格。如第53号的佛、菩萨像，既有唐代雕刻的丰满古朴，又具宋代造像的修长身躯。第273号的千手观音及其侍者、第281号的东方药师净土变相等，薄衣贴体颇具唐风，仪容秀丽又似宋刻。

10世纪后期至12世纪中叶的宋代造像题材广泛，多达21种，尤以观音最为突出，使北山被誉为"中国观音造像的陈列馆"。这一时期的作品更加贴近生活，体现了宋代的审美情趣。造像具有人物个性鲜明、体态优美、比例匀称、穿戴艳丽等特点。比如宋代媚态观音像，为少女形象，身段苗条，春风迎面，衣带栩栩飘起，给人以静中欲动的感觉。第136号转轮经藏窟可谓南宋的造像巅峰之作。该窟造像以恬静的面部刻画反映其内心之宁静，以精美的衣冠显其身份的高贵。以线造型，线面并重，富有中国民族特色。造像璎珞蔽体，飘带满身，花簇珠串，玲珑剔透，装饰味浓；多保存完

观无量寿佛经变相（遗产地供图）

好，宛如新刻，被公认为是"中国石窟艺术皇冠上的一颗明珠"。

其他造像如数珠手观音、水月观音、孔雀明王窟、泗州大圣龛、十三观音变相窟等，都是这一时期的珍品。这些造像的形象、姿态、性格、神情以至衣褶、饰物等，皆耐人寻味；组合变化丰富，刻工精美，步步移，面面观，出人意料的意境层出不穷。

在参观过程中，我们惊叹于从唐代至宋代造像精湛技艺，距今上百年甚至千年的造像保存完整更让我们感慨。郭老师给我们展示了一幅手绘长卷。长卷徐徐展开，一组组石刻造像的线稿好似连环画，缓缓展现在眼前，画像中包括北山石刻所有重要的石刻造像。看完这幅长卷，我们真切理解了郭相颖老师说的"管了5万个石头人"是什么意思，大足石刻以"五山"为代表，共计5万余尊造像，规模庞大。

北山石刻 136 号转轮经藏窟全景（遗产地供图）

　　郭相颖老师的手绘长卷对于大足石刻申遗成功起到了重要作用。当时，世界遗产委员会评审过程中，工作人员播放幻灯片，展示北山长廊、宝顶圆觉洞以及全县石刻分布图等。但是参会的代表来自世界各地，语言不通。光是看申报文本和照片，他们想象不出大足石刻的分布和规模。面对审议受阻，郭相颖老师当场展示出自己 20 多年前亲手绘制的长卷压缩版。专家们把照片和长卷一一比对，大足石刻的规模、石刻造像如何分布等一目了然。一图胜过千言万语。会上当场宣布，大足石刻申遗成功！

　　郭相颖老师为什么要画这幅长卷呢？ 20 世纪 70 年代末期，国家文物局要求国家级文物保护单位建立"四有"档案，其中一条就是要有图像资料档案。当时县文管所没有相机，更没有测绘仪，也没有任何图像资料，为了满足文物保护的需求，与其他两位同事讨论后，郭相颖老师决定采用最原始的办法——手绘。郭老师的手绘不同于美术创作，而是作为资料，所以必须严格按照比例绘制。以肉眼为测绘仪，一张凳子、几支笔、一把尺子和一根皮尺，便是所有工具。一笔一画，历经 3 年，终于完成了一幅 23.15 米的手绘长卷。

这幅 20 多米的长卷和因手绘长卷而磨圆的长尺，让我动容。北山以大规模精美造像完整展现了从唐末经五代到南宋的造像风格演变，是石窟艺术史上的瑰宝。而这份荣誉是建立在文保人员甘于寂寞、无私付出的伟大情怀之上。郭老师是无数文保人的缩影，他们敬畏、热爱自己守护的遗产，自始至终在履行传承文化遗产的使命。

众说美学价值

时间：2021 年 11 月 22 日上午
地点：宝顶山、石篆山、颂棠别院

有一句话叫"北山看门道，宝顶看热闹"。"北山看门道"是说北山雕刻风格多、艺术水平高、手法多样。"宝顶看热闹"是说宝顶山石窟内容丰富，凡史典所著，无不备列。

宝顶山位于大足区东北 15 千米处，海拔 527.83 米。宝顶山摩崖造像包括以圣寿寺为中心的大佛湾、小佛湾造像，由号称"第六代祖师传密印"的赵智凤于南宋淳熙至淳祐年间（1174~1252 年），历时 70 余年，有总体构思、有组织地开凿而成，是座造像近万尊的大型佛教密宗道场。

宝顶山摩崖造像是中国石窟艺术民族化、生活化的典范，造像内容和表现手法都力求生活化。例如养鸡女造像可以清晰看到养鸡女的云鬟发饰、衣着样式，而且造像富有动感。养鸡女用竹篓扣小鸡，而几只小鸡争先恐后地从竹篓中跳出，一幅鲜活的生活场景展现眼前，极富生活美学。还有父母恩重经变相石刻通过求子、怀

| 宝顶山养鸡女造像（遗产地供图）

胎、临产、婚娶、送别等一系列日常生活情节，以左右连环画式表现了父母含辛茹苦养育子女的过程，情节连贯、形象生动感人。牧牛图长达30余米，刻出林泉山涧，其间穿插"十牛""十牧"，抒情诗般地再现了牧牛生活。雕刻大师们体验生活之精微，再现生活之准确，令人叹服。

著名的宋史专家邓小南先生曾说过，"宋代是个大雅大俗的时代"。从军事威力和势力范围来衡量，宋朝积贫积弱，但就经济和社会繁荣程度而言，宋代是中国传统文化与审美的黄金时代。正如钱锺书先生曾说："在中国文化史上有几个时代一向是相提并论的，文学就说'唐宋'，绘画就说'宋元'，学术思想就说'汉宋'，都数得到宋代。"

宋代兼通数艺、数技的士大夫群体推动风雅文化的兴起，产生了宋词、宋画，更有了宋瓷、茶宴和雅集。宋代美学除了把简淡自

宝顶山牧牛图（遗产地供图）

然的"雅"推到了高峰，同时也带有鲜活热闹的"俗"的一面。这
与当时的商品经济和城市生活迅速发展密切相关。由于皇权相对弱
势，对民间的控制也相对宽松，这一时期的市民社会获得了较大的
发展空间，比如《清明上河图》展现的市井世俗之美。

大足石刻列入世界文化遗产的理由之一，就是其高超的美学价
值。我们在节目拍摄第一天晚上举办了一个宋代茶宴，一起来探讨
大足石刻的美学价值具体是什么。

宋代的审美是雅与俗的兼备，这在大足石刻艺术中都能强烈感
受到。两宋时期是花冠装饰盛行的时期，其风气在同时代的造像、
绘画作品中表现颇多。例如北山日月观音花冠枝叶交错，花瓣舒展，
层层叠叠，极为繁缛。宝顶山石刻造像中，花冠则成为佛和菩萨共
同的主要头饰之一，花冠不仅有种类繁多的花纹，还在其中雕刻有佛
像、宝光、祥云、净瓶、玉梳等。其中千手观音主尊观音造像的花

|石篆山孔子及十哲龛（遗产地供图）

　　冠上有48尊小佛像，更是把花冠装饰作用发挥得淋漓尽致，彰显了宋代的雅致美学。而宝顶山的横笛独奏的"吹笛女"，酒后昏乱的"父子不识""夫妻不识""兄弟不识""姐妹不识"的"醉酒图"等，活灵活现，极具平民化、世俗化和人文化的生活美学特质。

　　大足石刻的美学价值，还包括儒释道三教融合的艺术之美。石篆山摩崖造像为典型的三教合一造像区，在石窟中甚为罕见。其中，第6号为孔子及十哲龛，正壁刻中国大思想家、儒家创始人孔子坐像，两侧壁刻孔子最著名的十大弟子。而且与民众常见的孔子像不同，大足石刻的孔子像更为年轻态，没有胡须。这在石窟造像中实属凤毛麟角。第7号为三身佛龛。第8号为老君龛，正中凿中国道教创始人老子坐像，左右各立7尊真人、法师像。

　　儒释道三教为何可以在大足石刻的艺术表现中融合共处呢？其实三家在历史中经过了不断的争鸣。唐高祖时儒释道三教代表人物御前辩论，唐代佛教、道教都取得了长足发展。到了宋代三教调和的声音成了主旋律，三家都认识到，兼容是最好的出路。云冈石窟是外域雕塑风格，龙门石窟注重民族化，道教造像始终无缘走进这两座佛教文化艺术的殿堂。而中国石窟艺术的发展则在宋代经历了一场新思潮的洗礼，展现出极大包容性，并由此诞生了融合儒释道三教思想的大足石刻。三教融合对大足石刻雕塑艺术的影响就表现在，大足石刻造像不似大唐的丰腴壮硕，也不是魏晋的秀骨清像，而是创造了另一种不同的雕塑美，它不是思辨的神或主宰的神，而是完全世俗的神，也就是人的形象。

宝顶山摩崖造像其装饰、布局、排水、采光、支撑、透视等，都十分注重形式美和意境美。有一句俗话说宝顶山的卧佛是：头在大足，手摸巴县，脚踏泸州。其实巴县离大足200千米，泸州是140千米。为什么会有这种说法呢？位于宝顶之巅的卧佛展现的是释迦牟尼涅槃时的场景，庄严肃穆，祥和宁静。释迦涅槃像全长31米，只露半身，其构图有"意到笔伏，画外有画"之妙，给人以藏而不露的美感；笔断意连，留给人无限的遐想。这是中国山水画于有限中见无限这一传统美学思想的成功运用。圆觉洞内的数十尊造像刻工精细，衣衫如丝似绸，台座酷似木雕。洞口上方开一天窗采光，光线直射窟心，使洞内明暗相映，增添神秘感。九龙浴太子图利用崖上的自然山泉，于崖壁上方刻九龙，导泉水至中央龙口而出，让涓涓清泉长年不断地洗涤着释迦太子，给造像平添了一派生机，堪称因地制宜的典范。

大足石刻以其高超的美学价值、丰富的造像题材闻名遐迩。通过讨论，我们深刻感受到大足石刻作为美学集大成者的价值。其中包含雅致精美、生活美学、形式美、意境美和儒释道三教融合的艺术美。然而美学探讨是一个大的话题，我们希望通过自己的行动能引起更多人对美学的探讨，例如美学如果影响现代生活，如何让更多人享受像大足石刻这样的世界遗产带来的震撼美、生活美等，希望今后更多人参与进来。

"益寿延年"难于"返老还童"

时间：2021 年 11 月 22 日下午
地点：宝顶山千手观音像

大足石刻的千手奇观，号称天下一绝。在千手观音像处推门而入，即可见宝相庄严、金光普照的千手观音像。千百只手臂自崖壁上次第展开，如层浪叠涌；万般姿态的手掌，或五指平伸，或轻拈法器，似花绽放；金光灿灿的主尊观音造像盘坐莲花宝座，慧目下视，慈悲安详。

大足千手观音像开凿于南宋淳熙至淳祐（1174~1252 年）年间，高 7.7 米、宽 12.5 米，雕刻在 15~30 米高的崖壁上，占崖壁面积 88 平方米，是我国最大的集雕刻、彩绘、贴金于一体的摩崖石刻造像。造像的主体部分是由一整块岩体雕凿而成的。首先在崖壁岩体上雕凿出造像、手眼、法器、宝塔等，然后再贴金、妆彩。造像、手眼均贴金，金碧辉煌；法器、宝塔上涂绘矿物颜料色彩，色彩古朴深厚，起到点缀、衬托造像的作用。造像下部有泥塑流云，也涂绘有矿物颜料色彩。

其实早在南宋赵智凤营建宝顶山之前，千手观音造像已经在华夏大地上大量出现，但绝大多数高宽都是在两三米，也有规模宏大的，但构图、布局尤其是细节与宝顶山千手观音像相比都有所不及。在千手的展现上，众像往往只雕 42 只手象征千手——于 2 手 2 眼外，左右各具 20 只手、眼。宝顶山千手观音像则是敷金重彩，头著 48 佛宝冠，冠下垂绀发，面具 3 眼，于身后左右孔雀展翅开屏式的镂雕近千只手，掌中各饰 1 眼，手持各种法宝，是世界石窟艺术史上的一朵奇葩，构思奇诡、规模宏大，彰显大悲济世。

宝顶山千手观音造像自南宋时期雕凿而成后，历史上曾多次贴金妆彩。贴金妆彩保证了造像完美的形象，符合信徒的心理需求，同时延续传承了传统的贴金妆彩工艺，对造像载体的岩体有防止风雨侵蚀的保护作用。这样到了 21 世纪初，千手观音造像保存基本完整，总体依然保持着恢宏博大的气势和金碧辉煌的壮丽景观，但细部观察就会发现造像岩体疏松剥落，雕刻品断裂、垮落、破坏，金箔变色、起翘、脱层剥落，尤其是造像表面贴的金箔风化脱落破坏严重。

我第一次见到大足石刻千手观音像是在 2008 年汶川地震时。地震后，我们得知都江堰的二王庙遭到损坏，然后就考虑其他可能受损的世界遗产，第一个想到的是秦始皇兵马俑，第二个就是千手观音像。2008 年 5 月 21 日我们赶来宝顶山，千手观音像整体基本完好，但细看手指还是出现了很多损伤。虽然千手观音像抵抗住了地震，但对它的保护工作已经刻不容缓了。我现场宣布将千手观音像修复工程定为全国石质文物保护一号工程，并组织国内外十多家科研单位的顶级文物保护专家集体"会诊"。

大足千手观音像到底有多少只手呢？几百年来，人们一直想解开这个谜，但是因为每只手姿势都不一样，让人感觉眼花缭乱，于是千手观音像手的数量竟成了一个难题。这个问题使我们好奇，也是

修复工作的第一步。为什么一定要知道手的数量呢？这是因为每只手的病害不一样，对应的修复方案也就各不相同。大足石刻研究院保护工程中心主任陈卉丽老师向我们介绍了千手观音的修复历程。

为了准确掌握手的数量，千手修复过程中引入考古发掘中常用的探方探测方法。通过将考古探方从平面形式变成立面化的形式，将近景摄影照片转化为矢量线图，并分为 9 行 11 列，给每一只手一个 ID 号，就像身份证号一样，逐一调查手臂数量等相关数据。保护团队先后完成 1032 张调查表的填写和 20000 余张现状照片的拍摄，收集约 35000 个数据。通过这种科学的调查方法，第一次真正数清了"千手观音"手的数量——830 只。

在确定数量之后，修复人员并没有着手修复工作，而是先进行病害检测。修复团队采用包括三维激光扫描、红外热成像探测、三维视频显微镜等 15 种世界先进的无损检测设备进行检测。最终发现大足千手观音像病害包括岩石风化、金箔开裂、彩绘褪色等多达 34 种，病害面积 200 多平方米。以千手观音像的病害种类和面积来说，在国内尚无修复成功的先例，因此宝顶山千手观音像的修复工作，存在着很多世界级难题。

例如千手观音像的贴金工艺。金的化学性质非常稳定，常温下几乎不与其他物质反应，历久而不褪色，耐酸，耐腐蚀，因此金兼具保护和增添造像光彩的作用。修复人员在揭取旧金箔时发现，千手观音像表面的金箔一般都有 4 层，最多有 8 层，这说明千手观音在之前的岁月中，也曾进行过修复。据史料记载，千手观音像历经 4 次修复，最近的一次是在清代，距今已有 300 多年。

对于专家们来说，利用现有的工艺新贴一尊千手观音像不是一件难事，但这样既不符合文物保护的原则，而且也减弱了原有文物与世人的情感交流。这次的贴金修复是要让千手观音像延年益寿而不是返老还童。如何才能做到既能医治好千手观音像，让它祛病延年，又能恢复历史原貌呢？专家们商讨决定，采用旧金箔回贴的方法修复，而不是历来沿用的贴金技艺。

采取旧金新贴的形式，一方面尽可能地把千手观音像上揭取的金箔进行分层清洗、处理之后再重新回贴，而回贴使用的多为第二层或三层的金箔；另一方面最大限度地还原古代工艺，严格按照宋代金箔的成分配比定制金箔。千手观音像的修复过程中使用了 44 万张金箔，为了满足如此大量的金箔需求，修复人员向南京某金器生产厂家定制了全新的金箔。这家厂商生产的传统金箔是国家级非物质文化遗产之一，具有极强的延展性，1 克黄金打出的金箔能铺满 1 个小型球场，可见金箔的厚度真可以用薄如蝉翼形容。

　　解决金箔材料问题后，技术方面邀请了曾参与北京雍和宫文保工作的左师傅进行金箔重贴。左师傅有着30余年的金箔操作手艺，高超的贴金手艺搭配薄如蝉翼的金箔，从而保障了金箔平整地贴在千手观音像形态各异的手上，同时保证各处金箔均匀一致，看不出连接的缝隙，使修复完工后的千手观音像如同将衣服洗干净再穿上，重现"金身"。

　　贴金只是千手观音像修复过程中的一个步骤。造像金箔加固需要稳定耐用的黏合剂，最初试用敦煌壁画修复中运用的黏合剂——牛胶，但在重庆高温高湿的环境中，牛胶"水土不服"，很快长出了白色绒毛。项目组经过反复比选、试验，最终选择了西南地区传统的大漆材料，并改进工艺，终于解决了难题。这一过程就耗时近3年，为重现"金身"打好了基础。千手观音像注重颜色运用的整体和谐，法器上鲜艳的红、绿、蓝三色，调和了菩萨像整体的金色。

因此，以重现宋代的技艺而不是当代人的美术创作为原则，修复团队沿用宋代从各种有颜色的矿产中提取颜料的方法，再将颜料重新磨制成符合要求的粗细颗粒，根据色彩的细微差异，与千手观音像上的法器颜色仔细对比，最后选择出合适的颜料。

以上这些都是千手观音像修复工作的缩影。从 2008 年千手观音像修复工程立项，到 2015 年最终修复完成 88 平方米的造像修复，整整用去了 8 年的时间，投入各类修复材料约 1 吨，最终修复完成的千手观音恢复了千年前的光彩相貌，并对游客重新开放。在这 8 年中，无数文物守护者为之倾注了心血。

2017 年，重庆大足石刻千手观音造像抢救性保护工程在第 3 届全国优秀文物维修工程评选活动中，获得"全国优秀文物维修工程"称号。全国仅有 10 个项目获此殊荣。同时其更成为国内石质文化修复工程的典范，为石质文物修复在人才培养、技术材料、修复方法等方面积累了大量的宝贵经验。

但其实千手观音像的修复一直都是在争论中进行的。有人认为让千手观音像重现"金身"就会掩盖历史；有人提议"倒不如索性弄一个大玻璃罩子，整个罩起来，里面采用恒温恒湿的办法"。法国巴黎卢浮宫珍藏的《蒙娜丽莎的微笑》采用了这个保护办法，重庆白鹤梁水文题刻也是采用了这样的一个压力容器进行保护。但是，鉴于千手观音岩体及其周边环境的复杂，想要给它做一个罩子进行保护，从技术条件上讲确实很难做得到。

2008 年，我把千手观音像修复工程定为全国石质文物保护一号工程时，也不知道能修复成什么样，经常说修旧如旧，不改变原状。但是"旧"是什么年代的旧，是刚建成的，还是已经破损的旧？这里面就有一个问题：到底要保护什么？大足石刻申报世界遗产其中

修复后的千手观音像（遗产地供图）

很重要的就是其美学价值，那就要保护它的美学价值。如果石刻蓬头垢面、严重破损，就丧失了美学价值。千手观音像的修复不是换新衣服，而是把旧衣服"洗"干净，重新穿上。这两个概念是不一样的。不能把过去没有贴金的进行贴金，那就改变了原状。但是千手观音本来就贴金，现在利用旧金箔回贴既保留了传统工艺，又保存了原状。两三百年后，千手观音可能还会出现脱落，需要脱下衣服进行"洗涤"。脱下衣服"洗"的过程中就需要在研究的基础上进行修复。

我在故宫博物院也强调，要把文物保护工程变成研究性保护项目。如果没有研究，只是修复成原来的样子，没有治病害，可能换上新衣服之后很快又出现损坏。这就是为什么要建立文物医院。工作人员进行检测、无损探伤、写研究报告和制定保护方案之后，再进行修复，就是科学修复。

修复不是让文物返老还童，而是益寿延年。有人喜欢沧桑感，所以文物修复也很有压力。比如故宫屋顶上长了很多草，有人说秋黄春绿，凸显着故宫 600 年的历史，为什么要除草？这就涉及草营造的环境重要，还是建筑本体重要。草在瓦片上生长，吸收营养。草根长大了，会破坏瓦片，雨水渗入就会损坏梁木。

保护重要还是利用重要，经常会有这方面的讨论，其实保护不是目的，利用也不是目的。不合理的保护是破坏，不合理的利用也是破坏。脱离今天的生活、科学技术、欣赏价值，把文物锁在库房；利用文物发展旅游，把历史街区修整成仿清一条街、仿明一条街，这些都是破坏。真正的目的应该是传承，修复也是为了传承，让子孙后代可以看到千手观音像的宏伟、金碧辉煌，有利于文化遗产的传承。

研究为先，为每一个文物量身定做修复方案，让遗产延年益寿，这样的修复我们应该支持。修复使千手观音像重现金身，赋予遗产尊严。然而修复只是保护工作的一个新起点，还需要深入挖掘千手观音造像的历史、文化价值。为了将包括千手观音像在内的大足石刻完好地留给下一个千年，仍有大量艰巨的工作要做。

来自民间的力量

时间：2021 年 11 月 23 日上午
地点：大足职业教育中心、妙高山

通过两天的探访，我深深体会到大足石刻成为中国石窟艺术的最后一座丰碑的原因——来自民间。因民间力量修建，所以大足石刻并未像皇家营建的大型石窟那样集中于一地，而是以中小型体量为主，融入山间河谷、乡村生活；正是民间的自发信仰，才能诞生出各种不拘一格的造像题材，无所顾忌地从民间传说乃至儒道信仰中汲取营养，也不拘泥传统佛教经典的繁复考据，创造了儒释道融合的景象。

在北山转轮经藏窟我们看到中间主像是释迦牟尼，左右是观音菩萨和大势至菩萨，还有四身供养人像。供养人，是指因信仰某种宗教，通过提供资金、物品或劳力，制作圣像、开凿石窟、修建宗教场所等形式弘扬教义的虔诚信徒。大足石刻除宝顶山道场为主持僧人募化集资开凿外，大多数是信众捐资求神灵保佑而镌造的，并刻像入龛。北山石刻中现存可以辨识的共有 139 名供养人，包括 12 位地方官员、7 位僧尼、113 位平民或士绅以及 7 位工匠。

同时，也是因广泛的、下沉的民意基础，大足石刻才能一改"工匠无名"的历史传统，将伏氏、文氏等造像世家的姓名镌刻其上，成为中国石窟史上极有特色也极具人文精神光芒的一座丰碑。随着岁月一步步向前，这些崖壁上的石像已经成为世界遗产，而世界遗产背后的匠人们也同样值得我们去致敬。

　　我和牛骏峰去参观了大足职业教育中心的石雕石刻工坊。这里是为大足石刻培养后备人才的地方。非物质文化遗产相关的职业教育形成规模和系统，对于非遗和教育是双赢的事。通过非遗技能的学习，提升学生们的就业前景，同时也为非遗传承储备人才库。我和牛骏峰体验了石刻，将一块石板雕刻成精美的图案，对我们来说存在难度。但是看到年纪轻轻的学生们能沉下心学习、钻研，延续着工匠精神，这使我十分欣慰。

　　大足石刻代表着 9~13 世纪世界石窟艺术最高水平，以保存完好著称于世。古往今来，民间力量对于石刻的保护同样功不可没。大足石刻因体量庞大，分布点位多、范围广等特点，文物保护难度大，单纯依靠文保单位的人力做定期巡查，根本不足以支撑文物保护工作。从 20 世纪 80 年代起，大足开始征集民间力量，建立义务文保员机制。

　　大足石刻现有义务文保员 70 人，平均年龄 60 多岁。这 70 名由乡村招募的义务文保员，是大足石刻的贴身守护人。这些义务文保员有的是两代人甚至三代人都参与文物保护工作，也有丈夫劝说妻子加入义务文保员队伍。义务文保员的作用非常重要。其实这个义务文保组织从 20 世纪 50 年代就开始建立了，这种网状的文保组织对文物保护起到了一个基础性的作用，如果没有他们，很多情况都不能及时知道。

　　　　　　　　　　　　　　　万里走单骑·辛丑季

正如节目中拜访的刘顺中兄弟，哥哥刘顺中从 1986 年开始担任义务文保员，已经工作了 30 多年，有效保护了妙高山摩崖造像的完整性。义务文保员的工作包括观察文物区内及周边的情况，维护文物区清洁。守护石刻是一件不赚钱且枯燥的事情。而且按照大足石刻研究院有关规定，这些文物须确保 24 小时都有人看守。像刘顺中兄弟这样在乡村守护国宝的人，他们住在紧挨着石窟的一个几平方米的小屋里，生活清贫，但是不曾动摇。他们说自己一辈子没做什么贡献，但是他们几十年默默守护大足石刻，是文物保护的功臣。

如今义务文保员大多走向了暮年，领着最基本的生活补贴，工作枯燥、孤寂，可能现在的年轻人很难理解他们持之以恒的理由。正如刘顺中兄弟所说，他们儿时就在这里玩耍，这些石刻是他们儿时的玩伴，珍藏着宝贵的记忆。未来会有新一代的义务文保员加入，大足石刻也会在坚守和传承中世代延续。

第六站
周口店北京人遗址

遗产地档案

遗产名称	周口店北京人遗址
遗产位置	北京市
列入世遗时间	1987 年
遗产种类	文化遗产
遗产地边界范围	遗产申报区范围：480 公顷 缓冲区面积：888 公顷

北京猿人是我们的祖先吗？

时间：2021 年 11 月 27 日上午
地点：王府井古人类文化遗址地下博物馆、周口店北京人遗址

你可知北京王府井大街的历史可追溯到 2.5 万年前？当人们在现代化的王府井东方广场新天地商场购物消费、休闲享受时，很难想象在 2 万多年前古人类就曾在此活动。距现地面深约 12 米处，有一座王府井古人类文化遗址博物馆，这里正是古人类曾经活动的地方。1996 年，北京大学城市与环境学系历史地理研究中心的研究生岳升阳在这里的施工现场偶然发现了古人类遗迹。经过考古发掘，这里出土了大量石制器、骨制品、用火遗迹、动物化石等，距今约 2.5 万 ~2.4 万年。这是北京城区最古老的人类文化遗址，也是世界范围内在一个国家的首都中心地区发现的最早的古人类遗迹。

我是谁？我从哪里来？要到哪里去？无论是西方神话中的亚当、夏娃，还是东方故事里的伏羲、女娲，人类从先古时代起就从未停止过对自身起源和发展的好奇。

"现代人非洲单一地区起源说""多地区进化说"……关于人类的起源，学术界一直依据偶然发现或专门考古发掘出的证据进行着探索。在很长时间内，北京猿人被认作中国乃至东亚人的祖先，这样的结论至今还在一些教科书中保留着。之后，不少学者认为最初的人类起源于非洲，在距今 200 万 ~180 万年，部分直立人群体离开非洲，扩散到欧亚大陆，北京猿人就是非洲起源的远祖的后代。1987 年又出现了新假说，即大约 20 万年前在非洲诞生了最早的现

|周口店北京人遗址

代人，他们以"完全替代"的方式扩散，导致原先在欧亚大陆生活的本土古人群灭绝，这其中也包括北京猿人。2010年之后，通过古DNA分析发现，多地区人种发生混血现象，学术界遂提出：我们的祖先是由不同的古老型人群构成的。

　　人类从何而来，又是如何演化至今的？北京猿人是我们的祖先吗？《万里走单骑》新的一期，我们决定溯流而上，探寻在东亚地区早期人类起源和发展的摇篮——周口店北京人遗址，探访70万年来中国人类进化历程。

　　北京人遗址位于北京市房山区周口店龙骨山，距天安门广场约50千米，1961年被国务院批准为首批全国重点文物保护单位，1987年被联合国教科文组织列入《世界遗产名录》，成为我国首批世界文化遗产。值得一提的是，当时周口店北京人遗址被联合国教科文组织点名要求申遗。作为临时决定申遗的遗产地，只用了 7 页手写文本就完成了紧急上报，并申遗成功。这主要是因为其不可替代的遗产价值。

2008 年，周口店北京人遗址博物馆被国家文物局评为首批国家一级博物馆。2010 年被国家文物局评为首批国家考古遗址公园。如此多的"首批"，实证着周口店北京人遗址的突出地位。

中国有很多旧石器时代的遗址，为什么周口店享有如此高的荣誉呢？曾有一种说法——"北京猿人挽救了爪哇人"。在周口店北京猿人遗址发现之前，我们不知道人类的历史有多久。当时发现的最早人类是欧洲尼安德特人，距今十几万年。

1891~1892 年荷兰医生、人类学家杜布瓦在爪哇岛的特里尼尔村附近发现了人类化石，包括头盖骨、下颌骨和大腿骨等。爪哇人的大腿骨与现代人的很相似，特别是股骨干后部有股骨嵴，表明这根大腿骨的主人能够直立行走。当时科学界给"人类"下的定义是：制造工具的动物。而爪哇人化石中没有发现石器或其他工具，不能证明其会制造工具。同时爪哇人的脑容量只有约 900 毫升，比现代正常人的脑容量小得多，所以有不少科学家认为爪哇人不能算是人类，只是一种灭绝的古猿。

1929 年出土的北京猿人第一个头盖骨
（遗产地供图）

1921~1927 年，考古学家先后三次在"北京人"洞穴遗址外发现了人类牙齿化石。1929 年，中国科学院院士、古生物学家裴文中在周口店龙骨山上发掘出了北京猿人的第一个头盖骨化石以及人工制作的工具和用火遗迹，成为震惊世界的重大考古发现。大量的发掘成果证明，这是一个新发现的直立人。同时，爪哇人的头盖骨与北京猿人的很相似，通过类比，爪哇人被列入"人类"之中，人类历史因而向前推了100多万年。

自1927年进行大规模系统发掘以来，周口店北京人遗址共出土石器材料10万件，还包括头盖骨6具、头骨碎片12件、下颌骨15件、牙齿157枚及断裂的股骨、胫骨等，分属40多个男女老幼个体。经研究推算，北京人的平均脑容量达1088毫升（现代人脑容量约为1400毫升），北京人身高为156厘米（男）、150厘米（女）。

北京猿人还是最早使用火的古人类，这一发现将人类用火的历史提早了几十万年。依据考古学和古人类学的最新研究成果，人类起源的历史可上溯到300万年前。但这些化石遗址有的没有发现石器，有的骨骼零碎不全，更没有用火的遗迹。世界上至今证明人类最早用火、证据最为充分的当数周口店北京人遗址。他们居住过的洞穴里留下了很厚的灰烬堆和烧石、烧骨等。灰烬的底层多为黑色物质，经化验是草木炭灰。这些遗迹证明了北京人已经能控制和利用火，用火取暖、烧熟食物，把火控制到一起，保持长久不熄。

北京猿人并非周口店遗址的唯一发现。周口店北京人遗址是世界上材料最丰富、最系统、最有价值的旧石器时代早期的人类遗址，先后发现了70万年前北京猿人、20万~11万年前新洞人、3.7万~2.5万年前山顶洞人在此生活，表现了人类进化的连续性。同时北京猿人化石解决了持续几十年之久的"爪哇人是人还是猿"的争论，确立了以北京猿人和爪哇人为代表的直立人阶段在人类发展史中的地位，填补了从猿到人这一完整发展序列中最为重要的中间环节，是认识人类起源和发展过程中的一个突破性贡献。到目前为止，"直立人"的典型形态仍然是以周口店北京猿人为标准。

古人类学、旧石器时代考古学是一门复杂的学科，但是随着周口店北京人遗址越来越多的古人类化石和旧石器遗址相继被发现，许多国外的科学家都把眼光逐渐移向中国。来这里看看，寻找人类的祖先，这就是周口店北京人遗址独一无二的荣誉。

旧石器时代的文化

时间：2021 年 11 月 27 日下午
地点：猿人洞、山顶洞

自 20 世纪 20 年代以来，在周口店遗址共发现不同时期的各类化石和文化遗物地点 27 处，它们构成了世界著名的史前遗址群。在周口店遗址群中，最重要的是北京猿人遗址和山顶洞人遗址。北京猿人遗址又称周口店第一地点，不仅出土大量的古人类化石，还出土了大量动物化石、石制品及较为可靠的古人类用火证据。山顶洞人遗址是中国最重要的旧石器时代晚期的地点，出土文物中包括大量的保存完好的哺乳动物化石和中国最早的有意识埋葬死者的证据以及骨针、艺术品等。

周口店遗址的地质时代纵贯整个更新世，大部分地点属于中更新世。在更新世，这里的气候比现今温暖湿润，依山傍水，紧邻华北大平原——曾经是水草丰美的草原，山上曾经有大片茂密的森林。边缘性生态环境、多种动植物资源提供了良好的可以长期居住的理想生境。

旧石器时代周口店古人类生活场景

北京猿人住山洞，会从自然界将火种引来烤肉、取暖、照明、去湿和驱赶野兽，但还不会制造火。他们主要靠采集果子、嫩芽和用石器或木棍挖植物的地下根茎为食物，有时也捕捉小动物和鹿类等大些的动物。考古发现，与北京猿人伴生的动物化石达100多种，仅哺乳动物化石就有90多种，其中一多半现已绝种，代表性的动物有中国鬣狗、肿骨鹿、梅氏犀、水獭、剑齿虎、三门马、李氏野猪、硕猕猴、葛氏斑鹿、德氏水牛、居氏大河狸、转角羚羊等，被称为周口店动物群，其年代相当于更新世中期。周口店动物群可分为草原型和森林型。森林中的第三纪残留动物剑齿虎可能是对人类威胁最大的动物，还有一般的豹、虎、棕熊、狼等。草原上则奔驰着三门马、羚羊、肿骨鹿等。这些动物化石能够存在于洞穴中应分为多种情况。比如食草动物中数量最多的肿骨鹿、葛氏斑鹿等可能为北京猿人的主要狩猎对象，但也不排除是食肉动物拖入洞中的。食肉动物可能为曾经在此穴居的，如中国鬣狗。还有鸟类化石62种，多经火烧，应为北京猿人的重要猎物。

　　北京猿人主要从附近的河滩捡取石块，采用锤击法、碰砧法和砸击法打制石器。这些石器个体普遍偏小，有三分之二以上为石片石器，多从劈裂面向背面单面加工，并有很多没有经过二次加工就直接使用的石片。其中最具特色的是用砸击法制作的大量两极石片和用两极石片加工而成的两端刃器。用砸击法生产的两极石核和两极石片在全部石制品中占很大的比重，构成北京猿人文化的重要特色。这种打制技术属于不修理台面的原始技术，因此石片多不定型。总体来看，北京猿人对石料的选择有限，这在很大程度上影响到产品的质量，造成耗料甚大、次品率高、成品率低、加工比较粗糙。

　　与北京猿人相比，处于旧石器时代晚期的山顶洞人就有着十分

显著的进步。山顶洞人的石器
仍属小石器，但种类更加多
样，有各种刮削器、尖状器、
雕刻器、锥或钻等。这时另一
个重要变化是骨角器的发展。
山顶洞人的带穿骨针、刻纹鹿
角等的发现，表明人们已经掌
握了骨、角材料的特性，使用
了不同于石器制作方法的专门
工艺。尤其骨针的出现，意味
着当时已可以用兽皮缝制原始
衣服，对人们抵御酷暑严寒及

| "新洞人"阎鹤祥体验制作装饰品

培养人类特有的服饰文化有重要意义。这一时期文化发展的另一重
要标志，是多种装饰品的出现。主要有表面稍经磨平的穿孔石珠、
表面打磨并涂朱的穿孔砾石、齿根部位对穿的穿孔兽牙、穿孔青鱼
眶上骨、刻纹鸟骨管、鱼脊椎骨等。这些装饰品多发现于人骨化石
附近，当属随身的佩饰、坠饰类，说明当时人类已经有爱美观念，
注意自身的装饰打扮。以红色的赤铁矿粉末将装饰品染红，或撒在
尸骨旁，说明人们最早关注的是红色，这也是旧石器时代晚期世界
其他地方的普遍现象。除赤铁矿易得外，可能又有驱逐野兽的作用
或者与鲜血、与人们的生死观有关。这些都意味着人们的抽象思维
能力有了很大提高。

　　1996年在北京王府井东方广场的施工现场发现的旧石器时代晚
期的人类活动遗迹，有2000多件遗物。其中1000多件石器仍以小
型石片石器为主，作为主体的刮削器以向背面加工为主，原料以燧

石为主，多用锤击法制成。400多件骨制品中，有些骨片上有人工刻划或砸击的痕迹。还有木炭、烧骨、烧石、灰烬及大量牛、马、鹿、兔、鸵鸟等动物的化石。从石器看，与山顶洞石器特点基本一致，与北京猿人石器也有一定的相似性。这可能是一处人类临时活动的营地。

世纪末的寻找

时间：2021年11月27日晚
地点：周口店遗址考古小院

　　周口店北京人遗址的考古发现震惊世界，遗憾的是在1941年发生了文物领域最大的悬案——北京人化石失踪。当时，周口店北京人遗址发掘出的珍贵文物一直被保存在北京协和医院B楼解剖室的保险箱内，彼时协和医院由美国人掌管。1941年"珍珠港事件"发生前夕，中美两国负责周口店发掘的负责人经过磋商，并得到当时政府的批准，决定将化石运往美国保管。

　　按计划，这些文物将在秦皇岛被装上"哈里逊总统"号邮轮，驶往美国。但是，12月7日珍珠港事件爆发后，美国海军陆战队的专列在秦皇岛被日军截获，"哈里逊总统"号也没有如期抵达，北京人化石从此下落不明。失踪的文物包括最具有科学研究价值的5颗较为完整的"北京人"头盖骨，连同牙齿100多颗、头骨碎片、面骨、下颌骨、股骨、锁骨等，以及全部山顶洞人资料。

　　自古以来，战争都是摧毁文明的最大推手。例如当年在伊朗高原上生活的游牧民族不满足于自己贫瘠的土地，于是纷纷冲向平原，

这是 2021 年 8 月 3 日在伊拉克巴格达的文物移交仪式上拍摄的一件文物。当日，伊拉克正式收回约 1.7 万件流落海外的文物，其中约 1.5 万件是在美国 2003 年发动的伊拉克战争中流失。（新华社供图）

古巴比伦文明被毁灭，古印度文明被毁灭，最后连古埃及文明也被毁灭。人类三大文明就这样被野蛮的力量顷刻间化为传说。

两河流域和古埃及地区拥有丰富的历史遗迹，但是这两个区域的文物古迹也遭受过一轮又一轮的磨难。例如 1258 年蒙古军队攻陷巴格达，阿拔斯王朝灭亡，阿拉伯－伊斯兰文明遭遇重创。据传一座名为"智慧之家"的图书馆，也是伊斯兰黄金时代的一个主要学术中心，在巴格达战役中被蒙古军队摧毁，大量书籍被丢到河中，导致底格里斯河的河水被书本油墨染黑。

近几十年，伊拉克人民也饱受战火摧残。2021 年 8 月，多个国家向伊拉克政府归还了 17338 件文物，其中 17321 件来自美国。这些文物记录着人类文明的点滴，大部分可追溯到 4000 年前的美索不达米亚文明时期。

在世界范围内，20 世纪上半叶人类社会遭遇了两次浩劫，造成了无法估量的伤害，分别是 1914 年 7 月至 1918 年 11 月的第一次世界大战和 1939 年 9 月至 1945 年 9 月的第二次世界大战。

在亚洲，日本在侵华战争期间公然对中国东北地区、华北地区和广大沦陷区的文物和地下遗存进行盗掘和抢劫，使许多珍贵文物被运往日本，或下落不明。1937 年在南京，日军对保存于城内各公私机构内的文物大肆洗劫与破坏。上海市立博物馆所藏古物 7423 件、字画 190 幅、书籍 4611 册被劫走。中央研究院河南省古迹研究会所藏古物 6500 件、书籍 3000 册于 1938 年开封沦陷时损失。西北科学考察团珍贵文物 2144 件在汉口被日寇劫掠。安徽省立图书馆损失古物 96 件、字画 298 幅、书籍 138123 册。广西省立科学馆被日军焚毁，损失古物 390 件、字画 151 幅。江苏省立图书馆所存元、明古籍善本 417 部被劫走。山西省立博物馆所藏先秦铜器，魏、唐造像等诸多珍贵古物被劫掠。福州私立协和大学在福州沦陷时损失古物 3601 件、书籍 28000 余册。此外，北京大学、清华大学、武汉大学、浙江大学、岭南大学、金陵大学、中山大学等高等学府内所藏珍贵文物和书籍，遭劫掠或毁坏者不计其数。

在日本侵华的 14 年间，无数中国文物被日本侵略者掠夺和损毁，上至国家级的博物馆、图书馆，下至私人藏室，均遭到野蛮洗劫与破坏。1946 年 3 月，"清理战时文物损失委员会"基本完成文物损失调查工作。但是，由于当时联合国的多项苛刻规定，以及美国占领军的阻挠与日本政府的有意抵赖，文物追讨工作成效甚微。最终被运回国的只有一批 117 箱的南京中央图书馆的善本书。在战争中被掠走的其他大量珍贵文物，如今依然流落异乡。这期间，美国人在龙门石窟大肆掠夺，凡是他们"力所能及"的地方，佛头都被盗走。龙门石窟中著名的北魏时期艺术珍宝《帝后礼佛图》，被盗窃后运到了美国。

2003 年，联合国教科文组织发表的《全球防止非法贩运文化财产报告》指出：在全球 47 个国家的 200 个博物馆中，有中国文物164 万件，且均是文物中的精品。散落在世界各地民间的中国文物应是博物馆中的中国文物的 10 倍，约 1700 万件。这些中国文物几乎涵盖所有文物种类，包括书法、绘画、瓷器、陶器、雕塑、铜像等各类珍品。中国文物学会统计，从 1840 年鸦片战争以来，因战争被劫掠以及因为盗掘、盗凿、不正当贸易等原因，超过 1000 万件中国文物流失国外，其中国家一、二级文物达 100 余万件。海外流失文物数量之大、价值之高，让人们惊愕又深感痛惜不已。让流传在外的中国文物回家，即使在 100 多年后的今天，也仍然是中国人心底的一个梦，一个持续百年的强国梦。

1941 年，北京人头盖骨化石离开北京后失踪，成为世界级的文物疑案。战争结束后，美国、中国、日本都开展了对北京人头盖骨的寻找工作，但至今仍没有这些珍贵化石的下落。多年来，"寻找北京人"一直停留在民间操作和学者呼吁的层面。由于牵涉日本、韩国等国外政府和相关人士，所以单纯靠民间的努力，很难取得进展。1998 年，以北京人头盖骨化石发现者之一、著名古人类学家贾兰坡为首的 14 名中国科学院院士向海内外发出呼吁：继续寻找北京人。1999 年，北京市房山区有关部门也发出"世纪末的寻找"的呼吁。2005 年 7 月，北京市房山区政府正式宣布成立寻找北京人头盖骨化石工作委员会。至此，一个在政府领导下、统一协调民间力量的寻找北京人行动机构诞生了。

对于北京人头盖骨化石是否在世这个问题，有关专家多年来基本持三种态度，一种认为化石还在，另一种认为化石已经毁于战火，再一种就是对化石的去向态度模糊，认为无法推测。之所以认为它还在世，是因为当时的包装相当考究。装"北京人"的箱子是两个白茬木箱，化石先用白棉布包好，再用卫生棉和纱布裹好，包纸后放在小木盒里，盒内还垫了瓦棱纸。也有观点认为北京人头盖骨化石当时应该放在协和医院地下室保险库，日军突然发动战争并占领医院，化石根本没来得及运走，日军就在地下室将其毁掉了。

世界范围内经历了近代以来文化遗产难以计数的劫难之后，人类文明开始自觉向更高领域迈进。注重保护文化遗产、珍惜人类共有的精神财富，逐渐成为 21 世纪不同国家、不同民族、不同宗教信仰的全人类的共识。实际上，目前对于文明保护与传承的另一方面威胁，甚至可以说更大的威胁，来自发展理念方面的冲突。伴随经济全球化日益加速，世界各国固有的生产与生活方式，朝着同质化的方向发展，受民族传统的影响越来越小。一个民族的文化传统是几千年或更长的时间积累的结果，若世界上各民族长期形成的多姿多彩、千差万别的文化变成单一的文化，后果不堪设想。

纵观人类历史，完全因为战乱或自然灾害而灭亡的民族几乎没有，但是因为本民族文化被其他文化覆盖而消失的民族则比比皆是。龚自珍在《古史钩沉论》第二篇中曾说："灭人之国，必先去其史。"其中也包含了对文化战争的警惕。一个民族真正的危机是文化的危机。如果其传统文化消失，民族本体也就不复存在，这就是人类文化的尊严和重大价值所在。

探寻"北京人5.0"传承方式

时间：2021年11月27日上午
地点：周口店猿人洞保护棚

    北京猿人头盖骨的发现，是古人类学史上重要的里程碑。我们来到了猿人洞遗址，也就是1929年裴文中先生发现第一颗头盖骨化石的地方。

    猿人洞遗址区域以山丘洞穴、岩体、堆积和植物组成的自然景观为主，山林茂盛、草木葱茏、嶙石掩映。遗址现状为考古发掘而成的长方形深坑，东西长约35米，南北宽约5~8米，深约40米，周边为70万年以来形成的17层堆积层。猿人洞考古发掘的成果，展示了当时直立人生产生活的状况，体现了周口店作为世界文化遗产的独特而又普遍的学术价值。

    因为常年处于露天保存状态，猿人洞直接受到外部气候条件的影响。日常大气降水（包括雨、雪、冰雹、霜、露等）和极端天气产生的冲刷及溶蚀破坏、风的吹蚀和温差作用下的涨缩和冻融，使遗址发生病害；自然形成的植物群落也缓慢地侵蚀和破坏着堆积层；极端天气还会产生集中破坏，使遗址本体可能出现滑移、塌方、掉块等现象。

    自19世纪起，在遗址上搭建构筑物或建筑物作为保护棚就成为保护和展示考古遗址的一种手段，以达到在保护考古遗址的同时也能对外开放、让游客参观和了解遗址的目的。近年来，随着全球文化遗产保护领域对预防性保护重要性的日益强调，保护棚以其综

合效能更具优势的保护形式在全球得到推广。

　　与过去经常采用的化学试剂保护或物理手段加固的方法相比，为考古遗址建设保护棚的措施对遗址本体的直接干预程度低、可逆性强，能在很大程度上提前隔绝来自自然环境的病害因素，缓解其对遗址本体产生的负面影响，并且能为考古人员的持续研究和调查提供长期稳定的有利条件。

　　保护棚的设计和建设过程也存在其他的挑战和需要谨慎考虑的

问题。譬如：保护棚体积庞大，其室内外设计如何能够恰如其分地衬托考古遗址本体而不喧宾夺主？保护棚的外观如何融入遗址所在的自然环境与历史人文背景？建设过程中如何将对遗址本体及其所在环境的影响程度减到最小？

1994~2006 年，联合国教科文组织、国家文物局、北京市文物局先后对猿人洞进行了清理、修整以及两次抢险加固保护工程。为了彻底解决雨水冲刷造成的风化问题，遗址管理处自 2008 年起开始着手研究猿人洞的保护方案。至 2013 年，猿人洞保护建筑设计方案得到联合国教科文组织世界遗产中心和国家文物局的批准，其间共经过了十几轮严谨的科学论证和评审过程。

在结构选型方面，结合建筑形式要求与结构受力要求，保护棚采用了大跨度单层网壳结构，南北跨度 77 米，东西跨度 44 米，面积达 3700 平方米。整体建筑悬空设计，不伤害遗址本体。

周口店猿人洞保护棚给我印象最深刻的是其在协调环境方面做出的努力。为了协调环境，设计方案阶段利用计算机模拟推测出猿人洞所在山洞顶部坍塌前的原始形状。利用扫描技术，根据山体纹理确定建筑内部装饰材料。同时，为与环境融为一体，保护棚采用了屋面绿植技术，在叶片上安装轻质种植槽。根据与周边环境融合要求及场地环境条件，综合确定种植槽内的植物。而且为了保证植物顺利生长，上下叶片间设计了灌溉系统。保护棚建成后，还对山上的植被进行了恢复和修整，以修复原有的景观环境，保持遗产地历史环境的景观风貌。

周口店猿人洞保护棚建筑以最小覆盖面积、最低高度、最小干预的设计理念，以积极的态度与其赋存的自然环境进行对话。保护棚建成后，种植屋面的绿植景观颇为丰茂，建筑隐伏于龙骨山的树木掩映之下，正在实现融入遗址环境之中的设计目标。

2021 年，这项保护项目荣获"联合国教科文组织亚太地区文化遗产保护奖"创新奖、设计奖。在此之前，该工程还获得过 2019 年亚洲建筑师协会建筑奖保护项目类金奖、中国建筑金属结构协会第 13 届中国钢结构工程奖金奖等奖项。周口店猿人洞保护棚的建设，真正表明在文化遗产保护领域，我们已经走在了世界前列，也为周口店揭示的 70 万年人类演化进程保留了载体，保障了传承。

北京猿人是不是我们的祖先呢？正如中国科学院古脊椎动物与古人类研究所研究员高星老师所说，要回答这个问题，我们首先要明白北京猿人到底是什么。如果我们把北京猿人理解成距今70万~20万年前生活在周口店—华北地区不同的直立人人群的代表，那他们很可能是我们的祖先。古人类学家的研究表明，东亚的直立人、早期智人和现代人的演化是连续的，在体质特征上是一脉相承的，没有发生外来人群整体替代所该有的形态特征的突变。例如1929年发现北京猿人头盖骨，1930年于龙骨山顶部发掘出生活于约3万年前后的古人类化石，并命名为山顶洞人。1973年又发现了介于二者年代之间的新洞人，这表明北京人的延续和发展。

　　按照时间顺序，北京猿人、新洞人、山顶洞人、王府井古人类分别是北京人1.0、2.0、3.0、4.0，而我们就是北京人5.0。就如同王府井闹市的12米地下也有着2万年前古人类生活的遗迹一般，历史藏在我们生活中的每一个角落。在节目策划过程中我们策划了一场"世遗唤醒行动"。在奇妙的"博物馆之夜"，"万里少年团"以及飞行嘉宾阎鹤祥分别与北京人1.0~4.0进行了对话，追溯了70万年来人类进化历程。最后，我和北京人5.0的小朋友们对话，揭示寻找的意义。

　　周口店北京人的发现，历

| 和"北京人5.0"的小朋友们对话

来被称为"古人类历史中最有意义、最动人的发现",是 20 世纪古人类学界最重要的发现之一,在从猿转变到人的过程中"北京人"包括用火、制造工具、狩猎、采集等行为都集中体现了人类进化的过程。这些珍贵的化石材料,为研究人类发展史和阐明劳动创造人的理论提供了珍贵而生动的实证。这些实证真实地告诉人们:大约在距今 70 万年前我们人类的远古祖先在这里披荆斩棘、历尽艰辛,开垦着神州亘古荒原,创造出生生不息的华夏文明。

我们一直在寻找,寻找北京人头盖骨,寻找人类的起源。其实我们真正寻找的是历史中蕴含的"宝藏"。比起我们脚下的大地,人类的几十万年不过是短短一瞬,但对于我们的祖先来说,我们是他们对于这个世界伟大探索的延续,我们能做的是做好一个后生,用自己从祖先那里继承而来的头脑和双手,把这短短几十万年来人类共同努力得出的成果传承下去,呼吁大众对文化遗产的认知与热爱,激发年轻人的民族文化自豪感。

正如 1998 年,14 位中国著名科学家寻找丢失的头盖骨时,在发出的呼吁中写道:"也许这次寻找仍然没有结局,但无论如何,它都会为后人留下珍贵的线索和历史资料。并且它还会是一次我们人类进行自我教育、自我觉悟的过程,因为我们要寻找的不仅仅是这些化石本身,更重要的是要寻找人类的良知,寻找我们对科学、进步和全人类和平的信念。让我们行动起来,继续寻找'北京人',为即将到来的新世纪做出自己的贡献。"

由此也让我回想起一件往事,我曾经在北京市房山区工作,经历了房山云居寺石经回藏的工作。我认为在这项工作中"回藏的是石经,弘扬的是精神",这里所说的房山石经精神,我曾经用 16 个字加以概括,即"坚忍不拔、锲而不舍、一丝不苟、默默奉献",当时这件事情得到了中国佛教协会赵朴初会长的支持，他在北京医院住院期间，欣然为我们书写了《房山石经辽金刻碑回埋颂》，其中最后一句是"功德今圆，还归故土"。1999 年 9 月 9 日，云居寺的10082 块辽金石经回归出土地点。

寻找与守望，是一代又一代考古工作和文化遗产保护工作的永恒话题。

第七站
武夷山

遗产地档案

遗产名称	武夷山
遗产位置	福建省
列入世遗时间	1999 年
遗产种类	文化和自然双遗产
遗产地边界范围	遗产申报区范围：107044 公顷 缓冲区面积：40170 公顷

北纬 27 度线上的一抹绿

时间：2021 年 12 月 6 日上午
地点：九曲溪竹筏码头

摊开世界地图，沿北纬 27 度画一条线，就会看到这条线穿过印度、伊朗、沙特阿拉伯、摩洛哥……似乎总避不开荒芜沙漠。然而穿过浩瀚的太平洋来到中国福建，一道逶迤的山脉高耸华东，一抹绿色映入眼帘，这就是武夷山脉。

武夷山脉地貌复杂，分布有高低悬殊的山谷，这些山谷由溪流沿山脉断裂处下切而形成，一般达 200 米左右，最大可达 500 米以上。武夷山脉山势高峻，这有利于阻挡北方冷空气和东南季风的入侵。同时，与海直线距离不到 240 千米的地理优势，使这里的气候温暖湿润，夏季从海上来的暖湿气流在此形成丰沛的地形雨。复杂的地貌和气候分异，为特性不同的生物提供了栖息、繁衍的场所。所以，武夷山脉不仅是"华东屋脊"——黄岗山的所在，更具有独特的自然地理环境，从而孕育了丰富的物种多样性，这其中包括繁多的珍稀濒危物种、高度集中的特有物种和古老孑遗物种。这里有原始而完整的亚热带山地森林生态系统和厚重的历史文化底蕴，其自然与人文资源的保护研究价值在中国乃至全球具有不可替代性。

2021 年 10 月，在昆明举行的《生物多样性公约》第 15 次缔约方大会上，武夷山国家公园与三江源国家公园、大熊猫国家公园、东北虎豹国家公园、海南热带雨林国家公园共同被列入第一批国家公园名单。国家公园是我国自然生态系统中最重要、自然景观最独特、自然遗产最精华、生物多样性最富集的部分。能被第一批列入国家公园名单，武夷山的生态价值可见一斑。

武夷山还有一个"身份"，那就是《世界遗产名录》中为数不多的混合遗产，即文化和自然双遗产。截至 2021 年 12 月，全世界拥有 1154 项世界遗产，其中包括 218 项自然遗产、897 项文化遗产和 39 项混合遗产。混合遗产约占全世界遗产数 3.38%，可见其稀有程度。

混合遗产的设立和定义，经过了 30 多年的探讨。1972 年 11 月 16 日联合国教科文组织通过了《保护世界文化和自然遗产公约》（简称《公约》）。在《公约》中，世界遗产仅包括文化遗产和自然遗产两种类型。1979 年，危地马拉蒂卡尔国家公园被列入《世界遗产名录》时，也只标明了同时符合文化遗产标准 (i)(iii)(iv) 以及自然遗产标准 (ix)(x)，并未明确其类型属于混合遗产。

此后，1984 年在阿根廷布宜诺斯艾利斯召开的世界遗产委员会第 8 届会议建议为甄别和提名混合遗产制定工作框架。1987 年，我国泰山申报世界遗产时，联合国教科文组织高度认可泰山的自然遗产价值和文化遗产价值，评定泰山为混合遗产，开创了"混合遗产"的新类型。但直到 1988 年，在巴西的巴西利亚召开的第 12 届世界遗产大会上，混合遗产才正式作为一种新的遗产类型见诸大会文件，这次会议审议通过了 3 项混合遗产。2005 年，混合遗产的定义和要求在《实施世界遗产公约的操作指南》中正式列出，即同时部分满足或完全满足《公约》第 1 条和第 2 条关于文化和自然遗产定义的遗产，才能认定为"文化和自然双遗产"，即需要同时具有文化与自然两方面的遗产价值，因此混合遗产申遗难度最大。

截至 2021 年底，我国拥有 56 项世界遗产，同时也是世界上混合遗产数量最多的国家之一，包含 4 项混合遗产，即泰山、武夷山、峨眉山 - 乐山大佛、黄山。作为世界遗产王冠上的明珠，混合世遗地数量少、价值大。这一站，"万里少年团"要探寻的就是武夷山混合遗产的特性与魅力。

寻迹五夫里，荡舟九曲溪

时间：2021 年 12 月 6 日
地点：五夫镇、九曲溪

中国著名思想史专家蔡尚思教授曾有一首小诗："东周出孔丘，南宋有朱熹，中国古文化，泰山与武夷。"泰山因孔子而成为历史文化名山，而要说到武夷山则必须提到南宋著名的思想家、哲学家、理学集大成者——朱熹。

一般认为朱熹的祖籍是徽州（府治在今安徽歙县）婺源（今属江西）。由于徽州辖境在晋隋间为新安郡，又因徽州有紫阳山，所以朱熹在序跋和其他论著中，往往署称"婺源朱熹""新安朱熹""紫阳朱熹"。早在北宋末年，朱熹的父亲朱松定居福建建宁府（府治在今建瓯），他经过建宁府建阳县的考亭村时，爱其山水，欲卜居未果。朱熹在晚年则遵从父亲遗愿，定居考亭。朱熹移居考亭至去世，在考亭共住 9 年，因此"世以考亭称文公"，朱子学派又被称为考亭学派。

在朱熹一生中，有近 50 年是在武夷山度过的——居崇安（今武夷山市）五夫里 40 年，居考亭 9 年。武夷山保留了大量朱子文化遗存。武夷山脉各县与朱子理学相关的历史遗迹 151 处（件），包括故居、书院、读书处、祀祠、墓葬、碑铭、墨宝、遗物及活动踪迹等，遗存类型丰富。

朱熹故居——紫阳楼遗址位于五夫镇府前村。五夫镇原名五夫里，建于晋代中期，迄今已历时1700年。朱熹14岁时父亲朱松去世，葬于五夫里，朱松临终前将他托付给五夫里的好友刘子羽（朱熹义父），又写信请五夫里的刘子翚、刘勉之、胡宪3位学养深厚的朋友代为教导朱熹。刘子羽、刘子翚兄弟给朱熹提供了较好的生活条件和丰富的藏书，使朱熹生活上没有后顾之忧，学业上也有名师指导。刘子羽视朱熹如己出，在五夫里屏山之下、潭溪之上盖紫阳楼，让朱熹及其母亲等于次年迁居入住。刘勉之还在朱熹成年后将女儿许配给他。

朱熹在紫阳楼求学、著书、布道，度过了他学术思想成形的重要阶段。淳熙五年（1178年），也就是刘子羽死后32年，朱熹应刘子羽之子邀请，撰并书写《少傅刘公神道碑》。这块碑至今仍然相当完好，高3.7米、宽1.5米，字迹绝大部分清晰可见。落款是"朱熹撰并书 张栻篆额"。碑原来竖立在五夫镇拱辰山蟹坑的刘子羽墓前，因墓葬已平毁，故于1981年5月迁至武夷宫中山堂前珍藏。1985年10月，福建省人民政府把它作为"武夷山史迹"

紫阳楼（遗产地供图）

之一，并将其列为福建省第二批省级重点保护文物。

五夫里历代名人辈出，境内遗址遗迹丰富，自古就有"邹鲁渊源"之称。紫阳楼宅第布置了展览室和紫阳书堂以及轩、室、居等，正门两侧对联"忠孝持家远，诗书处世长"，此为朱子治家格言的名句，正厅紫阳书堂是朱熹会客和讲学之处，内悬朱子建家立业的四个根本思想："读书起家之本""循理保家之本""和顺齐家之本""勤俭治家之本"。

"家"在朱子思想中具有特别重要的地位。《朱子家训》是朱熹晚年所作，全书317字，将"五常"（仁、义、礼、智、信）和"八德"（忠、孝、仁、爱、信、义、和、平）等价值观、伦理观念、道德规范融于家庭成员的日常生活中。"君之所贵者，仁也；臣之所贵，忠也；父之所贵者，慈也；子之所贵者，孝也。兄之所贵者，友也；弟之所贵者，恭也……"父子有亲，君臣有义，夫妇有别，长幼有序，朋友有信，这些观念在现代社会仍然值得提倡。兴贤书院是当年朱熹读书的地方，如今附近的孩子们仍在这里读书，学习《朱子家训》，从中汲取营养和智慧，延续和传承中华优秀传统文化。

朱熹一生热心教育事业，著述讲学、创办书院，广纳门徒。朱熹亲手创办了寒泉精舍、云谷晦庵草堂、武夷精舍（武夷书院）和沧州精舍（考亭书院），几十年间培养出门生数千。武夷精舍落成后，朱熹在此著书讲学，前后长达8年之久，各地的求学者源源不断地汇集到了武夷山。当时，一些著名的学者如蔡元定、刘爚、黄榦、詹体仁、真德秀、李闳祖和叶味道等人，都曾就学于此。据清董天工《武夷山志》载：宋元明清四朝，仅先后在崇安武夷山景区内隐居的文人高士就有19人，结庐读书讲学的名儒43人，来武夷山优游寻胜的学者名臣387名，其中著名理学家47名。他们留下文物、文化遗存，又为武夷山的人文底色增光添彩。朱熹的理学思想也因此得以传播，影响力不断提升。

朱子理学在武夷山孕育、成熟、传播、发展，是武夷山文化遗产价值的核心，是武夷山最深厚的文化遗存。武夷山作为"理学名邦""道南理窟""三朝理学之薮"，吸

武夷精舍（遗产地供图）

引了全国各地的学子来此求学问道，名人雅士来此寄情览胜。

武夷山作为文化遗产的具象表现，还体现在摩崖题刻上。武夷山摩崖石刻始于东晋，历史跨度悠久；石刻数量众多，分布密集；内容涉及范围广泛，博大精深；表现形式真草隶篆，丰富多彩。

朱熹寄情山水，精通诗文，又是书法大家，其题壁摩崖实为武夷山的文化瑰宝。武夷山现存朱熹摩崖石刻13方，主要涉及哲理题刻、诗文题刻、纪游题刻、景名题刻。诗文题刻最有名的就是800多年前朱熹为武夷山写的"导游词"——《九曲棹歌》（《淳熙甲辰中春精舍闲居戏作武夷棹歌十首呈诸同游相与一笑》）。全文由10首诗组成，共280字，写尽了武夷山的秀、奇、灵。

武夷山上有仙灵，山下寒流曲曲清。欲识个中奇绝处，棹歌闲听两三声。

武夷山摩崖石刻（遗产地供图）

一曲溪边上钓船，幔亭峰影蘸晴川。虹桥一断无消息，万壑千岩锁翠烟。

二曲亭亭玉女峰，插花临水为谁容。道人不作阳台梦，兴入前山翠几重。

……

八曲风烟势欲开，鼓楼岩下水萦回。莫言此地无佳景，自是游人不上来。

九曲将穷眼豁然，桑麻雨露见平川。渔郎更觅桃源路，除是人间别有天。

武夷山具有独特、稀有、绝妙的自然景观，属罕见的自然美地带，是人类与自然环境和谐统一的代表。例如九曲溪在山水的结合

九曲溪二曲，可见玉女峰和大王峰（遗产地供图）

上，山之高低、河床宽窄、曲率大小、水流急缓、视域大小、视角仰俯等，均达绝妙的地步。一曲，畅旷豁达；二曲，幽谷丹崖；三曲，虹桥奇观；四曲，秀山媚水；五曲，深幽奇险；六曲，天游览胜；七曲，三仰雄伟；八曲，青山奇石；九曲，锦绣平川。景色各异，由一条九曲溪盘绕贯串。游人乘一竹筏顺流而下，即可阅尽武夷秀色，此乃武夷山景观的精华，堪称世界一绝。

朱熹这 10 首用民间乐歌形式写的诗，对武夷山九曲溪予以全景式的扫描，写景写情，寓情于景，至今仍然脍炙人口，传播海内外，九曲溪也因此作名扬天下。各曲特色各异，读诗如荡舟九曲溪上。如今，我们乘木筏沿九曲溪顺流而下，感受奇伟秀拔的自然景观中孕育着底蕴深厚的历史文化。

自然界的生命律动

时间：2021 年 12 月 6 日下午
地点：黄岗山自然保护区、四新伐木场

　　"三三秀水清如玉"的九曲溪，"六六奇峰翠插天"的三十六峰，九十九岩……武夷山在我国同类地貌中，山体最秀，类型最多，景观最集中，山水结合最好，视域景观最佳，因而在中国名山中享有特殊地位。我们跟随护林员走巡山路线，来到了位于肖家湾对面山崖上的凤凰瀑布。瀑布分为 3 叠，共 90 米高，形态如轻盈凤凰附在陡峭山体上。

　　武夷山凭借得天独厚的地形和气候，造就了地球同纬度保存最完整、最典型、面积最大的中亚热带原生性森林生态系统。从桐木关起到黄岗山山顶 1000 多米的海拔落差中，垂直分布着 5 种完全不同的植被类型——常绿阔叶林带、针叶阔叶过渡林带、温性针叶林带、中山苔藓矮曲林带、中山草甸带。本来天各一方的植被类型，聚集在这里形成微缩景观，其生态价值令人赞叹。

　　武夷山拥有高等植物近 3000 种、低等植物 840 多种，其中有大量国家一级保护植物，比如钟萼木、南方铁杉、武夷凸轴蕨等。其中 27 属 31 种植物为中国特有，许多为单种属孑遗植物，如银杏。孑遗植物是指绝大部分植物物种由于地质地理气候变迁等原因灭绝之后幸存下来的古老植物；有 28 种珍稀濒危种被列入《中国植物红皮书》，如鹅掌楸、银钟树、南方铁杉、观光木、紫茎等。武夷山地区还遗留着树龄在百年以上的古树名木 36 种 106 株，它们

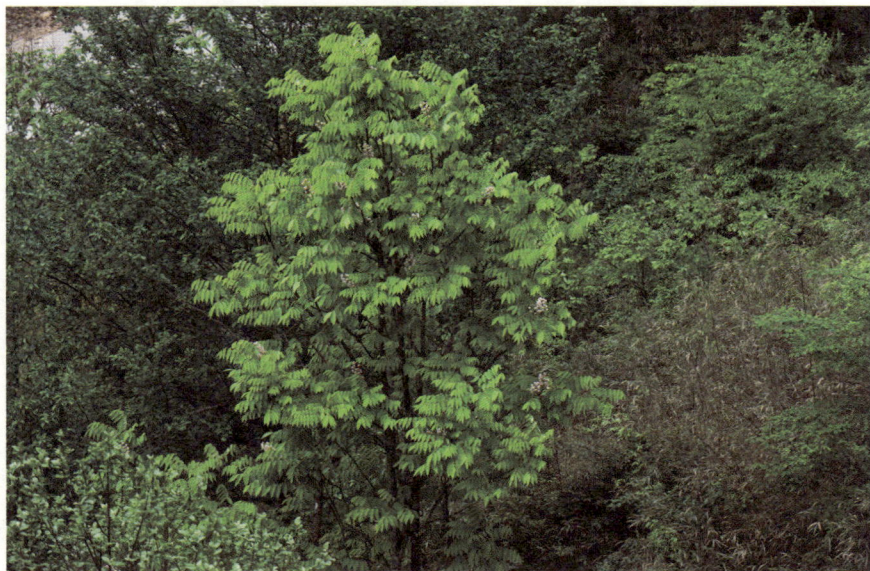
| 国家一级保护植物钟萼木（遗产地供图）

是极其珍贵的自然遗产，也是人类活动和环境变迁的历史见证，具有极为重要的科研价值。

如此多样的生境条件和植被类型，为各种动物提供了丰富的食饵和栖息场所，因此武夷山野生动物种类极其丰富，被称为"世界生物模式标本的产地"。武夷山还被称为"鸟类的天堂""蛇的王国""昆虫世界""研究两栖、爬行动物的钥匙"。不仅如此，大量珍稀、特有的野生动物在此栖息，其中国家一级保护动物9种，国家二级保护动物48种；其中49种为中国特有，华南虎、金斑喙凤蝶、崇安髭蟾等均属世界罕见的物种。

在倾力建设国家公园的大背景下，武夷山大规模的生物本底调查，以及受保护地带的水体、野生动植物的网格化监测，正在高频次进行中。野外调查以生物种群和生境的破坏最小化为目标，对于

科考人员布设红外相机（新华社供图）

已知物种以当地拍摄的照片和视频作为物种分布凭证，避免对生物造成损伤。为了更好地保护自然生态系统的原真性、完整性，武夷山国家公园从 2020 年 12 月开始，在公园范围内逐步地布设一些红外相机，定期由科考人员回收红外相机储存卡、记录监测数据。让"隐居"在武夷深山的一批珍贵野生动物从红外相机的镜头里走进人们的视野，其中黑熊是第一次被武夷山国家公园的红外相机捕捉到。

1990 年 9 月，世界旅游组织执委会主席阿比特丽兹·卡奈尔·德·巴尔科夫人游览武夷山后，欣然命笔："未受污染的武夷山风景区是世界环境保护的典范。"

武夷山的环境保护成果来自政府、民众和科研人员的共同努力。为了保护好武夷山生物多样性，福建省在 1979 年批准成立武夷山自然保护区。同年 7 月，国务院审定武夷山自然保护区列为国家重点自然保护区。2016 年，武夷山国家公园成为全国首个国家生态文明试验区，以及 10 个国家公园体制试点之一。

武夷山风景名胜区旅游业的蓬勃发展，给当地带来了巨大的经济收益，同时也对自然保护区内的生态环境造成了压力。随着武夷岩茶知名度的日益提升，受利益驱使，武夷山境内毁林种茶现象比较突出，乱开垦茶山现象时有发生，致使九曲溪上游生态环境恶化。星村镇是武夷山的茶业大镇，因茶叶市场持续走俏，个别村民毁林种茶，破坏林业自然资源。一亩林地可种约 300 棵树，茶农通常会砍掉三分之一的树用来种茶。除直接砍掉树木外，有的茶农还会将树皮剥去，让它慢慢枯死。"种茶热"严重威胁了山水等自然资源的保护。

武夷山茶受到市场青睐，得益于品质和口碑。而武夷山茶之所以拥有独特的优良品质，正是得益于良好的生态环境。武夷岩茶被称为"万古山水茶"，素来有"岩骨花香"的特点，这正是武夷山水赋予的。破坏环境会让武夷山茶逐渐失去特色，丧失竞争力。因此政府对违规种植的茶苗予以彻底拔除，并以成本较高的阔叶树开展造林，遏制了毁林开垦茶山的态势。如今茶山面积被严控，但以质取胜，茶山与林地和谐共生。武夷山通过加强自然生态空间用途管制，放心茶、生态茶有口皆碑，茶业走向了高质量发展阶段。武夷山水已经成为金字招牌，武夷茶也因其生态气息更具品牌竞争力。

四新伐木场区从前古树参天，林木茂盛，是天然原始林的集中区。20 世纪 70~80 年代中期，这个伐木场曾是全省伐木系统的一面旗帜，每年伐木量达 1 万立方米，被称为"万米场"。可以想见，在那个年代，一根根倒下的树木成为当地经济发展的重要支柱。但

武夷山生态茶园（新华社供图）

是，大批量的采伐也留下了生态隐患。山体的水源涵养能力减弱；溪流水位开始降低，河水不再清澈，遇上雨天还时常伴有山洪暴发；曾经种类丰富的野生动物也难见踪影。

申报世界遗产成功后，为使武夷山的旅游可持续发展，保护九曲溪水源，2000 年初武夷山市委市政府决定将九曲溪上游的四新、程墩 2 个伐木场划归景区管理，人员、资产、债务一并归景区所有，原来的伐木工人成为护林员，以伐木为主的林区则成了以保护生态和自然环境为主的景区。这里的工作人员主要任务就是防火、防盗林木和防破坏植被，保护野生动物。

伐木工转型成林场守护者，这其中蕴含着发展与保护的智慧。经过近 10 年的保护，四新伐木场的面貌重新回归自然：林木茂密，野生动物在路上闲散溜达，溪水清澈，空气负离子含量升高，这里还被誉为武夷山的休闲养生圣地，可谓"人不负青山，青山定不负人"。我们在凤凰瀑布两侧看到的大片次生林，正是青山不负人的真实写照。

在生态保护和经济发展这两条看似矛盾的道路中，武夷山以实践提供了一份鲜活样本。申遗成功10年之后，为保护生态环境，武夷山宣布国家级自然保护区停止开展大众旅游活动，不再销售旅游门票。

物种因环境改善而得以繁衍生息，自然因物种多样性而更加美丽。由此可见，只有人与自然和谐相处、共同发展，我们才能感受自然带给我们的馈赠和美好，这一点武夷山是生动的实践者。

山水间的人文圣地

时间：2021年12月7日上午
地点：闽越王城遗址

混合遗产是人与自然共同创造的景观。武夷山有神奇的自然之美，同时也是山水之间的人文圣地。2000多年，闽越族曾在此繁衍生息，揭开了福建文明史的第一页。

武夷山城村的古汉城，又名古粤城、闽越王城，位于武夷山南麓。有学者认为该城始建于公元前202年，是西汉初年闽越王无诸受封于汉高祖刘邦时营建的一座王城。也有学者考证得出该城始建于战国晚期，西汉初年扩建。城址总面积48万平方米，相当于北京紫禁城的三分之二。闽越王城遗址是我国第一个列入世界遗产范围的西汉诸侯王城遗址，被誉为"环太平洋地区保存最完好的汉代王城遗址""江南汉代考古第一城"。

闽越，是中国南方百越族群中的一支，主要聚居在今福建省境内。闽越国是福建历史上地方割据政权中建立时间最早、持续时间最长，也最为强盛的诸侯国。在将近一个世纪的岁月中，闽越人民既保持了福建远古文化中的风俗习惯、宗教观念等，又在政治、经济、文化、艺术等方面效法中原内地，从而创造出灿烂一时的闽越古国文化。公元前110年，面对诸王割据与集权统治的纷争，闽越王城被汉武帝一把大火燃烧殆尽，如巨星陨落，沦为废墟，因此也被称为"中国的庞贝城"。如今，在武夷山闽越王城，尚能窥见这些早已消逝在历史长河中的古老文明。

　　战国末期，楚国灭越国。越王勾践之后无诸率领部众来到福州地区，带来了越国的先进生产方式和文化，自封为闽越王。到了汉高祖五年（公元前202年），无诸被大汉朝廷重新封为闽越王。无诸与汉中央王朝保持一致，与民休息。到了闽越国晚期，经济发展，军力增强，可以"围东瓯""击南越"乃至"发兵拒汉"。汉武帝建元六年（公元前135年），余善杀其兄闽越王郢。汉武帝"立丑为越繇王"，视为正统。余善被立为东越王，在福州屏山一带大兴土木，修建宫殿和水军基地，与越繇王丑"二王并处"。余善在位长达25年，"威行于国"，曾率"水军八千"进攻南越，又在闽北筑六城以御汉军。城村汉城位于闽北六城址的中间地带。余善为抵御汉军，把城村汉城作为军事指挥中心。汉武帝元鼎六年（公元前111年），余善刻玺自立为帝，公开反叛，震动朝野。元封元年（公元前110年），汉武帝派出四路大军剿灭余善，尽徙其民于江淮间。闽越王城被烧为废墟，如今城门洞还留有火烧的痕迹，1米多长的铁剑以及一副铁盔甲还保留在现场，再现了当年的惨烈。无诸复立的闽越国近百年历史就这样被东越王余善葬送了。此后福建地区少

古汉城遗址

有人烟，直至西晋"永嘉之乱"迎来中原移民，"衣冠南渡，始入闽者八族"。这期间福建历史几乎是空白了400多年，在考古上也没有重大发现。

古汉城作为闽越国的王城，是汉代福建社会政治、军事、经济、文化的中心，具有极高的历史文化和研究价值。这座古城是2000多年前城市建设的一个典范，其内城外廓的形制、依山傍水的选址都体现了本土特色。闽越王城顺应地势起伏而建，并以四周天然屏障合护而成金汤之固，气势磅礴，是擅于"山形而水处"的闽越族人的智慧之作。古城城墙周长2896米，南北长860米，东西宽550米，城墙现存高度平均4~8米。王城内部建筑城内地形分南、北、中三个部分：南部为大岗头，北部有马道岗，中部由下寺岗、下寺坪和高胡坪组成。宫殿区位于城内中央的高胡坪上，体现了中国古代"宫殿居中"的择中观。

城村汉城遗址现存城墙、城门、大型宫殿、瞭望台、古井、祭坛等遗址，城外还有官署区、居民区、窑址、冶铁作坊、大型墓葬区等。在城址中，陆续出土了数万件汉代文物，城址出土的青铜器和铁器，其价值在全国出土文物中名列前茅。例如长达82厘米的铁矛头和重15千克的铁犁铧。

汉城遗址有7个城门，其中3个是水门，说明当时的运输是水陆并行。城内有2组排水系统和3处进排水口遗存，这些陶制的下水管道可将污水直排到城池外，体现了先进性与便利性。此外，宫殿中的室内浴池为我国所发现的古代最早的宫内浴池，其给排水管道设施非常严密完备，是古代宫殿建筑的典范。管道设施中还有回旋的管道，用于热水循环以供暖取暖，后流入浴池，十分精妙。另外，闽越王宫古井有"华夏第一井"之称。至今井水依然清冽可饮，滋养着离遗址不远的城村百姓。该井的选点挖筑，凸显示了闽越先民在认识水势、水源、水质三个方面都已达到较高水平。

"千载儒释道，万古山水茶"，武夷山有奇丽的自然风光，也有闽越王城、朱子理学的文化底蕴，自然与文化融合一处，赋予武夷山无可媲美的价值。

如果给武夷山的美找一个载体，那么我认为是声音。在这片土地上，有潺潺溪流、排工悠扬的调子、森林中的生命交响、孩童琅琅读书声……自然界的生命律动和人类文明的伟大进程在此同频共振，发出的共鸣响彻寰宇。

武夷山没有丢掉大自然的馈赠，始终探索关于生态保护与生态资源的永续利用的道路；武夷山人也受朱子治家文化的深邃影响，爱山护山，以绿水青山建造美丽家园。武夷山水给了朱熹智和仁，在武夷山水中，朱熹建立了他的哲学思想体系和人生观，提出天地万物一理的思想，强调任何万物共生共存的思想。这也是对混合遗产的一种完美诠释。

第八站
古蜀文明遗址

遗产地档案

遗产名称	古蜀文明遗址
遗产位置	四川省
遗产种类	文化遗产
遗产地边界范围	遗产申报区范围：611公顷 缓冲区面积：1570公顷

沉睡数千年，一醒惊天下

时间：2021 年 12 月 19 日上午
地点：三星堆博物馆

　　四川是遗产大省。道法自然的青城山－都江堰，佛教圣地峨眉山－乐山大佛，以及黄龙、九寨沟、四川大熊猫栖息地等深受国内外游客喜爱的热门旅游目的地都是世界遗产。此外还有大量遗产地在世界遗产预备名单中准备申遗。《万里走单骑》第一季录制的时候，我们曾去到青城山－都江堰，感受了古代水利工程建造智慧和青城山的文化底蕴。第二季，我们再次来到四川。

　　根据古史传说和文献记载，在战国时期秦国将四川盆地纳入其版图之前，四川盆地西部平原上有一个古老的国家——蜀国。"蜀"字最早出现于殷墟的甲骨文中，是一个上有大眼睛、下有蜷曲身体的类似虫子形状的象形文字。记载蜀国历史的文献相当简略，传说蜀人的始祖"蚕丛"居住在成都平原以西、川西高原上的岷山地区，以后经历了"柏灌""鱼凫""蒲卑（杜宇）""开明"4 个时代，最后于公元前 316 年为秦所灭。

铜纵目面具（遗产地供图）

　　在古蜀文明的遗存中，三星堆遗址和金沙遗址广受关注。三星堆遗址每次的考古"上新"都会引起热议。例如1986 年出土的铜纵目面具，眼睛呈柱状外凸达 16 厘米，口角深长上扬，似微露舌尖，做神秘微笑状，为我们勾画出来自长江流域的古蜀文明的古老神秘。

考古发现和研究证实，古蜀国的先民早在公元前 25 世纪前后，就在成都平原上繁衍生息。至公元前 19 世纪左右，成都平原北部广汉市西郊发展成为古蜀国的中心。在新的国家力量的驱动下，古蜀人创造了灿烂的青铜文明，三星堆遗址就是此时的都城所在。到了约公元前 13 世纪，古蜀国发生了重大变故，三星堆神庙被焚烧，三星堆古城被废弃，原先居住在这座城市中的人们往成都市西郊迁徙，并建立起一个新的都城，即金沙遗址，延续着古蜀国的青铜文明。大约在公元前 9 世纪，金沙都城被废弃。古蜀国最后一座都城在今成都旧城西部，直至被秦国所灭，古蜀文明共延续约 1500 年。

如今留存下来的关于古蜀历史的资料很少，揭秘古蜀国文明主要靠的是考古发掘，从而整理

青铜大立人像（遗产地供图）

戴金面罩铜人头像（遗产地供图）

资料，重建历史。1986 年，当时三星堆附近取土烧砖的农民在地下约 2 米深的地方挖出了几件玉器。考古人员闻讯赶到，进行保护。通过考古发掘，发现了超过 1700 件珍贵文物，三星堆一、二号祭祀坑就此呈现在世人面前，"一醒惊天下"。

三星堆一、二号坑出土的文物数量巨大，造型奇特，种类丰富，制作精美，是 20 世纪世界重大的考古发现之一。一号坑内共出土各类器物 592 件，包括人头像、尊等青铜器 180 件，金杖、金面具、虎等金器 4 件，璋、戈等玉器 129 件，还有戈、矛等石器，象牙、骨器、海贝等。二号坑内出土各类遗物 6100 余件，包括神树、立人像、人头像、人面像、尊、罍等青铜器 736 件，金面具等金器 61 件，璋、戈、璧等玉器 489 件，还有大量石器、象牙和象牙制品以及海贝 4600 余枚。这些文物充分展现了古蜀国独特、辉煌的青铜文明。

古蜀人为什么要铸造这些器物，它们奇特的造型又有什么寓意？我们希望通过这次探访，一窥充满神秘的古蜀文明。

文物揭秘古蜀文明

时间：2021 年 12 月 19 日上午
地点：三星堆博物馆

随着我国改革开放的深化和对外文化交流的扩大，文物出国（境）展览呈现出日益繁荣的局面。但是对外交流也会加大文物遭受损害的可能性，对文物的安全构成潜在威胁，因此国家出台规定"一级文物中的孤品和易损品，禁止出境展览"。2002 年，国家文物局印发《首批禁止出国（境）展览文物目录》。至今，已经公布 3 批，共 195 件 / 套"禁止出国展览文物"。其中包括三星堆博物馆 4 件，分别是青铜神树、玉边璋、青铜大立人像和金杖。根据 2017 年国家文物局公布第一次全国可移动文物普查成果显示，我国有 10815 万件 / 套可移动文物，从中挑选出了 195 件 / 套禁止出国展览文物，可见这些文物弥足珍贵。

青铜神树通高 3.96 米，树干残高 3.59 米，由树座、树干、树枝以及鸟、龙、花朵、果实等构件组成，造型精美，是我国迄今为止所见的青铜器中体型最大的一件。神树树干笔直，其上铸有 3 层树枝，每层 3 根，9 根树枝上各有一只昂首翘尾的小鸟。

经过研究后，专家们认为这棵树应该是古代传说中的神树，同时它还是中国古代"十日"神话的唯一具象化作品。《山海经·海外东经》记载："汤谷上有扶桑，十日所浴，在黑齿北。居水中，有大木，九日居下枝，一日居上枝。"传说远古本来有 10 个太阳，它们栖息在神树扶桑上，每日一换。而青铜神树正好是中国远古"十

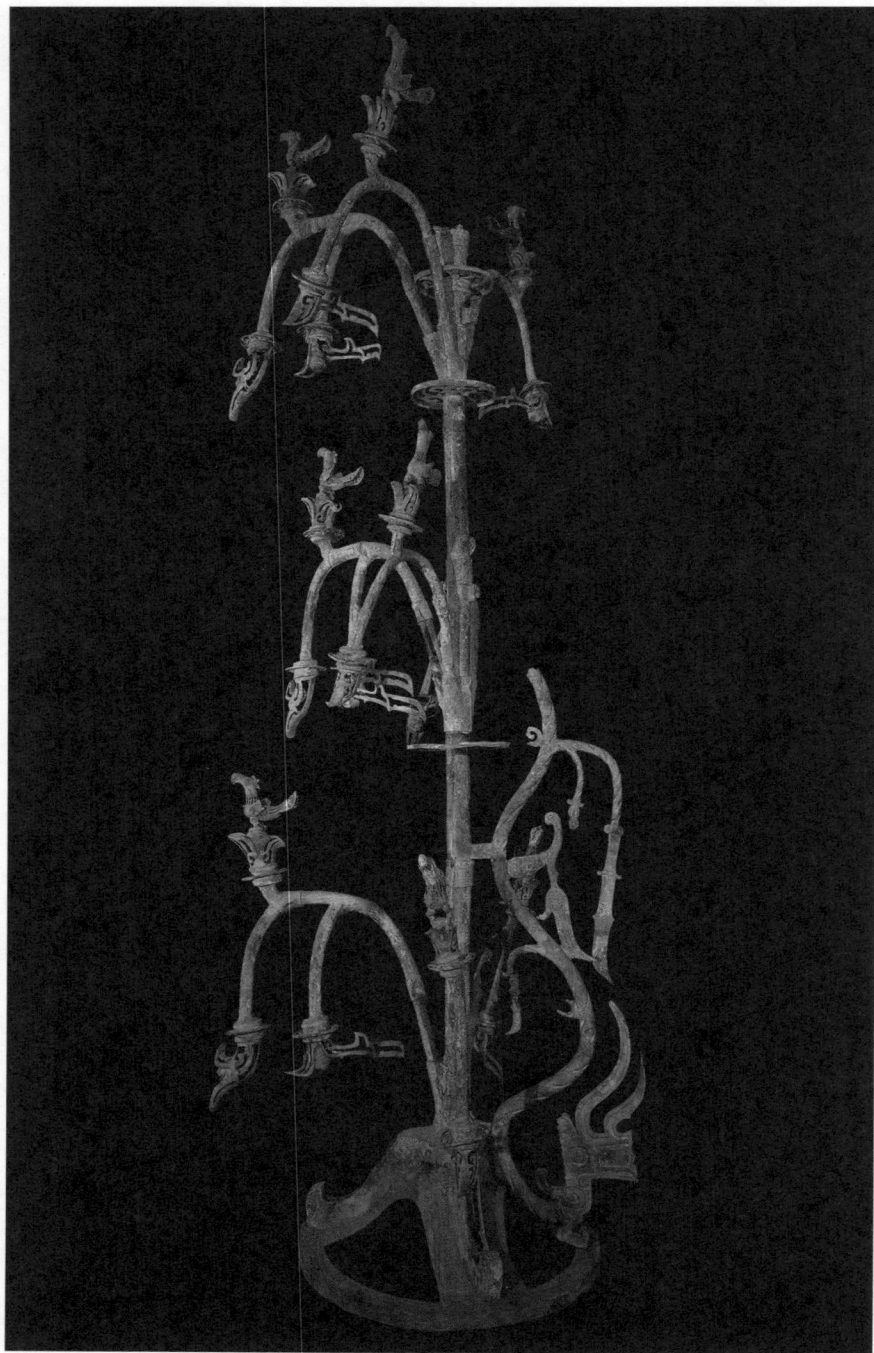

青铜神树（遗产地供图）

日"神话中"九日居下枝"的真实写照。

在中国古代，对树的崇拜是原始人类最常见的自然崇拜之一，在三星堆古蜀国人的信仰中，神树具有重要的地位。青铜神树还代表着古蜀人对太阳神的崇奉。古蜀人的宗教体系与祭祀礼仪相当发达，并经常举行盛大的祭祀。一、二号坑的发掘也证明了这一点。例如二号坑首先投放的是海贝、玉石礼器、青铜兽面、凤鸟、小型青铜杂件和青铜树枝、树干等，其后投入的是大型的青铜容器和青铜立人像、人头像、人面具、树座等，最后放置象牙，器物的分层放置充分反映了古蜀国自成体系、独具特色的宗教祭祀礼仪。

为了祭祀太阳神等神灵，古蜀人修建了神庙等祭祀场所，竭尽他们的财富来制作和装饰这些神像及祭祀用器具。青铜神树和金沙遗址出土的四鸟绕日金饰，都体现了古蜀人的太阳神崇拜。四鸟绕日金饰又被称为"太阳神鸟"金饰，外径 12.5 厘米，内径 5.29 厘米，厚度只有 0.02 厘米，重量 20 克。金饰图案分内外两层，内层图案是向四周喷射出 12 道光芒的太阳，外层 4 只展翅的神鸟围绕着太阳循环往复地飞翔，与中国古代的"金乌负日"传说不谋而合。古蜀人对太阳的崇拜还有许多物证表现，例如三星堆出土的鸟及鸟形饰件、太阳形铜器、饰太阳纹的铜挂饰、太阳纹铜泡和铜神坛上的太阳纹等，金沙遗址出土的各种形态的鸟、头戴太阳帽的青铜立人等。通过这些文物，我们可以初步感受古蜀人的宗教信仰和祭祀礼仪。

"禁止出国"的金杖出土于一号祭祀坑，长 142 厘米，直径 2.3 厘米，重约 463 克。金杖上靠近杖下端的一组图案为两个人头，五官刻画非常细致；金杖前端是两只相对的鸟，钩嘴、大头、昂首、竖尾，做展翅飞翔状。鸟的后面为两条相同的鱼，头端有须。鸟背上各有一支箭，射进鱼头部，箭尾有羽翼。

对于金杖的解读众说纷纭，有学者认为金杖是蜀国的权杖，是由最高统治者执掌的王权和神权的象征，是"蜀王通神的法器"；也有人认为金杖是巫祝之类使用的法器，是"祭杖"或"魔杖"。图案的组成方式是古蜀人根据巫术的"原理"设计，是希冀捕猎成功的渔猎祈祷图，也表达着对图腾的崇拜……尽管至今尚未得出金杖的确切含义，学者们对三星堆金杖图案及性质的不同认识，却体现出金杖包含文化的丰富性以及古蜀文化的复杂性。

金杖还为我们揭秘古蜀文明提供了另一个视角——多元外来文化交流。金杖并不是中国的发明创造，目前在中国其他地区文明中都没有找到金杖的先例，而在地中海地区和以色列人都有用权杖的习惯。由此更证明了三星堆与传统认识中的中原文明的不同。

对出土文物的研究揭示了古蜀文明是一个与多元文化交流而形成的文明。三星堆遗址出土了大量的海贝。经鉴定，这些贝类如环纹贝、虎斑纹贝、货贝，现今生存于东海、南海和印度洋。铜尊、铜罍、铜牌饰、玉璋、玉钺、玉戚、陶盉等器型和制作技术源于中国黄河流域地区的夏商文明；十节玉琮和玉锥形器呈现长江下游良渚文化的造型风格，三星堆遗址仁胜墓地用玉随葬的习俗也是良渚文化的典型特征；金杖、金面具、金冠带等为代表的金器，以大立人像、人头像、人面像为代表的青铜雕像群，与西亚地区两河流域文明表现出相似性，这些都是古蜀国与其他文化交流的印记。

金杖的用途是什么？铜纵目面具眼睛为什么设计为突出状？著名的青铜大立人像手中拿着什么？是象牙，是玉琮，或者只是一种特定的手势？古蜀文明还有很多神秘的问题等待揭晓答案。考古是我们了解历史的通道，当更多的考古成果展现在我们面前时，对于古蜀国的认知肯定会产生改变。随着考古一层一层地剥去地层，我们也会一步步靠近历史的真相。

科技助力现代考古

时间：2021 年 12 月 19 日下午
地点：三星堆发掘大棚、三星堆文物修复馆

2021 年 6 月 23 日，三星堆青铜大面具提取出坑，为古蜀文明再添重量级例证。这个青铜大面具出土于三星堆新一轮的全面勘探和发掘，这也是自从 1986 年考古发掘后，时隔 30 多年，三星堆遗址再次启动勘探和发掘工作。

为什么三星堆两次考古发掘时隔 30 多年呢？尽管 1986 年发掘出土了大量文物，但是因为当时技术有限，只抢救性发掘了一、二号祭祀坑。祭祀区还没有得到全面了解，就变成了遗址公园。这 30 多年，虽然没有新的发掘，但是考古工作一直继续着，进行文物修复、论证考古手段、研究出土文物所代表的文化内涵……正是在 30 多年的知识储备和技术研发基础上，2019 年在国家文物局"考古中国"重大项目与四川省组织实施的"古蜀文明保护传承工程"的支持下，三星堆遗址的全面勘探和重点发掘再次启动。

这次发掘工作联合了 34 家单位进行集体攻关，也在各个环节应用了众多"黑科技"。与 1986 年相比，此次考古属于把先进的实验室搬到田野考古现场的新尝试。一般的田野考古都是在野外进行，是一门"看天吃饭"的行当，在气候多雨的四川盆地，一年里

利用科技手段进行考古发掘（遗产地供图）

适宜考古的时间并不长。为解决这一问题，三星堆搭建了宽敞、明亮的考古发掘大棚。大棚建筑面积1903平方米，长51.2米，跨度38米，檐口高度为8.1米，是国内乃至世界上规模最大、设施最先进的考古发掘大棚。消除了天气的干扰因素，考古队的发掘工作能够长时间地持续下去。另外，三星堆建设了现场实验室考古平台和会诊系统，保障了考古发掘和出土文物清理、出土文物现场保护可以同时进行。此外还有4个保持恒温恒湿的玻璃工作舱，为出土文物的保护提供了良好条件。

在发掘方法方面，根据坑内文物密集分布的情况，三星堆考古发掘采用了吊箱等操作方式，发掘人员趴在吊箱上进行清理，避免了因踩踏而对坑内文物产生破坏。为了避免对环境信息造成污染，参加发掘的人员都身穿防护服，保证了考古发掘和采集检测样品的科学性。为了使出土文物可以在最短的时间获得有效的处理和保护，大棚内修建了处理保护室，这种方法也是三星堆发掘的首创之一。

以大口尊的发掘为例。首先使用 3D 扫描仪对文物进行扫描并收集周边数据，然后根据坑内文物原型进行 1∶1 树脂模型的 3D 打印。利用模型制作硅胶保护膜，套在文物上进行保护，外面还要再灌注一层厚厚的石膏保护层，并放在专门的套箱里，最后再进行整体提取、出坑。由于大口尊自重加上附着泥土的总重量超过 100 千克，考古队员利用吊箱下降到 1 米多深的坑中提取文物。文物出坑落地后，文保人员再将套箱和包裹的石膏分为 4 块取下，并对文物表面进行清理，通过拉曼光谱仪、X 光、金相分析等科技手段，保存文物的原始信息。这样就实现了手段科学的考古发掘。

1986 年的考古发掘是留有遗憾的，正是这份遗憾，让我们懂得科学考古的重要性。考古本身是一个"破坏"的过程，一个考古现场只有一次机会。在层层发掘的过程中，要能最大限度提取各方面的信息，使包括环境、动植物、金属等各方面要素在内的学术研究都能受益。在三星堆考古中，我们看到了一个多学科参与、立体发掘的考古团队。就考古人员的专业背景而言，有一半都是自然科学出身，不似从前只是单纯由从事考古学、历史学的考古人员组成队伍。三星堆遗址的考古发掘成果持续引发关注，这让更

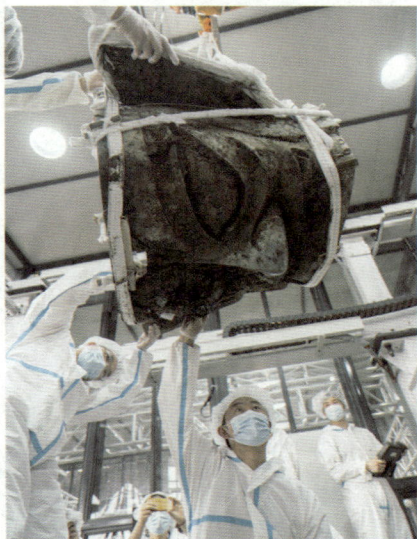

| 青铜大面具提取出坑（遗产地供图）

考古新发现（遗产地供图）

多人了解到，考古不是"挖宝"，而是通过科学的理论和方法对祖先留下的物质遗存进行发现、研究、保护、利用，让优秀传统文化得以传承和发扬。

新一轮考古发掘已发现 6 个祭祀坑，已出土 2000 多件完整器物，再次展现了古蜀文明丰富的遗存。3 件铜扭头跪坐人像是 4 号坑发现的最重要的出土文物，这 3 件人像从造型、纹饰等方面来说都是三星堆考古全新的发现，展现了 3000 多年前古蜀文明的写实雕塑艺术，为研究三星堆的青铜铸造技术及艺术、宗教信仰与社会体系等提供了鲜活素材。铜祭坛、神树纹玉琮等器物题材独特、细节丰富，均前所未见，是古蜀人精神世界的物质体现。

正在进行修复的铜顶尊跪坐人像出土于 3 号坑，高 1.15 米，器物由大口尊和跪坐人像两部分组成。上部为一件青铜大口尊，大口尊肩部有独特的龙形装饰，铜尊立于一块方形平板之上，平板以下为一尊双手作向前合握状的跪坐人像。

三星堆出土了大量浓缩古蜀国文化的器物，但是这些器物很多都有火烧痕迹，并被砸烂，铜器、金器、玉器等多呈现碎片状态。青铜大立人像被拦腰折断，还有很多青铜器碎成数块，散落在祭祀坑内。铜顶尊跪坐人像也在进行修复工作。

1986 年出土的 1 号青铜神树出土时碎成几百件，由于史书没有对神树形体的具体记载，而且碎片奇形怪状，很多碎片残碎、变形，因此修复工作面临巨大困难。文物修复人员进行一次次的比对，先将容易辨识的部分粘连、拼接。神树高近 4 米，工作人员在室外搭建 5.5 米的棚架，并在棚架顶端设置一个起重 0.5 吨的手动吊葫芦，在拼接时提吊重物。他们将树座的 30 多块碎片进行摆放、拼合，用软绳捆住树干中端进行悬吊，拼接中部和下部，再用铁丝捆

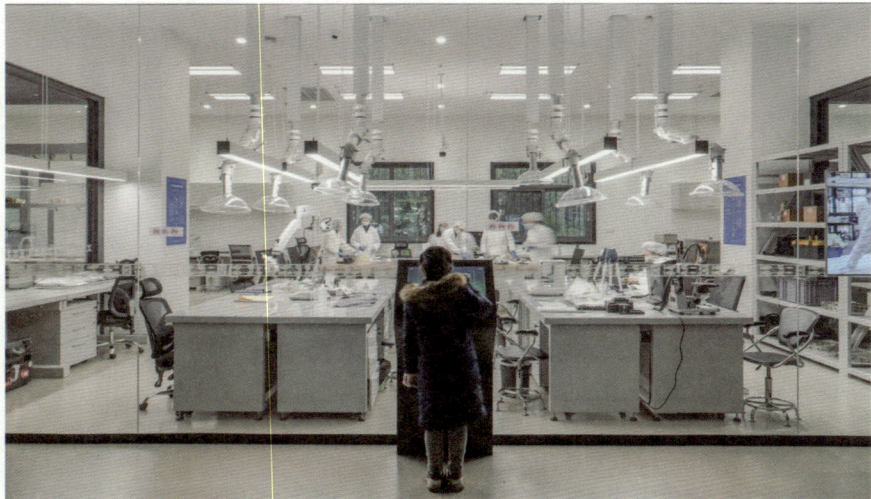
三星堆文物修复馆（遗产地供图）

紧。同样方法也适用于拼接其他部位。拼接后，修复工作才得以开展，例如补充残缺部位，在树座、树干中增加固件，增强稳定性。

将近 4 米高的青铜神树上，还挂满了各种装饰物，因此这棵神树的承重能力令人担忧。就这样论证、拼合、修复，青铜神树复原一共花费 8 年时间。2008 年 5 月 12 日，四川汶川发生大地震，三星堆博物馆也受到影响。地震过后，专家立刻对青铜神树展开检测，结果令人十分欣慰，青铜神树并没有损坏的迹象，依然结实完好。如今青铜神树作为核心展品陈列在三星堆博物馆。观众得以通过毫无修复痕迹的青铜神树，窥见古蜀人的精湛技艺和艺术思想。

2021 年 12 月，三星堆文物修复馆正式向公众开放。三星堆博物馆内采用玻璃隔断，观众可以沉浸式观摩文物修复师修复文物。节目拍摄当天，我们见到了两位 90 后姑娘正在修复象牙。据介绍，三星堆参与发掘与文保的 200 多名工作人员，有 150 多人是 90

后，这也在网上引起热议。三星堆表情包深受民众喜爱，而这些"脑洞"正来自 90 后工作人员，"大耳朵图图"金面具、"诸葛亮"立发铜人像、"愤怒的小鸟"陶猪，90 后为三星堆考古和文保工作带来活力。

考古工作充满辛苦，发掘工作需要在坑里长时间的跪姿和弯腰，修复过程也需要极度的细心和耐心，这些都是对 90 后考古人员的考验。很多考古人员，终其一生可能都没有重大发现，这样看，三星堆的这些年轻考古人无疑是幸运的。因为三星堆有大量的遗存，考古成果会让他们充满自豪感和成就感。希望三星堆和这些年轻的考古人员继续彼此成就，早日为我们呈现完整的古蜀文明。

在世界文明坐标中
定位古蜀文明

时间：2021 年 12 月 20 日上午
地点：金沙遗址博物馆、成都人民公园

2001 年 2 月在成都市区发现的金沙遗址，分布范围约 5 平方千米，是公元前 12~ 前 7 世纪（距今约 3200~2600 年，约相当于商代晚期至西周时期）长江上游古代文明中心——古蜀王国的都邑。金沙遗址是中国进入 21 世纪后第一个重大考古发现，也是四川继三星堆之后又一个重大考古发现，并被评选为 2001 年度"全国十大考古新发现"。

为了保护金沙遗址，成都市政府叫停了当时周边 20 多个待建

的地产项目，并决定在金沙遗址原址修建主题博物馆，突出特色，活化历史场景，使其成为兼具历史遗址保护和城市绿地功能的考古遗址公园，走了一条文化遗产保护与城市发展结合的创新之路。20多年过去了，效果是显著的，金沙遗址走出了一条独特的遗址类博物馆发展之路。

金沙国家考古遗址公园（遗产地供图）

随着考古研究的不断深入，目前可以确认金沙遗址是三星堆文明衰落后在成都平原兴起的又一个政治、经济、文化中心，是古蜀国在商代晚期至西周时期的都邑所在，也是中国先秦时期最重要的遗址之一。金沙遗址的发现，极大地拓展了古蜀国文化的内涵与外延，对古蜀国文化起源、发展、衰亡的研究有着重大意义，特别是为破解三星堆文明突然消亡之谜提供了有力证据。三星堆遗址废弃之后，古代蜀国在金沙造就了又一次辉煌，同时金沙遗址与成都平原的史前城址群、三星堆遗址、战国船棺合葬墓葬共同为我们构建了古蜀文明的发展演进脉络。由此成都平原作为长江上游文明起源中心的地位得到证实，华夏文明的组成不断丰富。

2005年8月16日，"太阳神鸟"金饰图案被选为中国文化遗产标志，8月24日，由成都蜀绣老艺人专门刺绣的"太阳神鸟"蜀绣登上"神舟六号"飞船搭载舱，象征着中华民族如神鸟一样，实现了千年飞天梦。"太阳神鸟"向着太阳飞奔，辉映着华夏五千年历史文化的古老标志，与最具现代中国精神的"神舟六号"珠联璧合，将中华文明和中国精神发挥到了极致。

太阳神鸟金饰线条流畅、充满强烈的动感，同时工艺精湛，类似于使用现代的剪纸技术来制作金饰，是中国古代人民"天人合一"的哲学思想和丰富的想象力、艺术创造力及精湛工艺的完美结合，而这也是金沙遗址价值的侧面印证。

如今，成都天府广场中心有太阳神鸟的形象；成都天府国际机场航站楼构型取意驮日飞翔的太阳神鸟；成都龙泉山城市森林公园丹景台是网红打卡地，被称为"城市之眼"，而太阳神鸟就是它的眼；因太阳神鸟而设立的"金沙太阳节"，甚至生活周边地铁、公交、立交桥、街边的灯杆、脚下的井盖……成都随处可见太阳神鸟的"身影"。"太阳神鸟"已经成为成都这座城市文化温度的符号。

2021年12月18日，三星堆遗址与金沙遗址正式签约联合申遗，这是四川第一个申报世界遗产的考古遗址项目。无论三星堆还是金沙，从这两项考古工程的价值而言，都可以分别独立去申报世界遗产。当然，一起申报的影响力更大，这不是简单的一加一等于

| 金沙遗址博物馆太阳神鸟穹顶

二，而是把古蜀国的历史更完整地连接起来，让一个古代文化现象不同的阶段更加清晰地呈现出来。

中国目前有 56 项世界遗产，是拥有世界遗产类别最齐全的国家之一，但同时我们也有长长的申遗预备名单，申遗项目的内部竞争十分激烈。三星堆、金沙联合申遗的难度有多大呢？现在申报世界遗产的项目有很多，申报成功与否并没有先来后到的顺序，而要综合考量遗产地文化价值的研究、真实性完整性、保护状况。同时，联合国教科文组织会从人类文明多样性的角度出发，更加看中在不同面貌、不同地区、不同时代等人类文明发展历程中填补空白的项目。

世界遗产是全人类公认的具有突出普遍价值且不可替代的文物古迹及自然景观。对遗产的定义和评审标准是清楚的，但对标准的理解与阐释却是见仁见智的。为此，一个可行的办法是研究最近的一些世界遗产的例子，通过研究成功案例来查漏补缺。在第三站，我讲到过泉州的申遗之路，因为对遗产价值认识不足，泉州历经二次申报最终成功申遗。2015 年申遗成功的"土司遗址"项目，它胜在对土司文化及土司制度下的社会结构做了较为完备的表达和呈现。当时是湖南、湖北、贵州三省联合申请，三个省的土司遗址有数百处，最终选取了三个最有代表性的遗址，其中既包括土司王城，也包括军事建筑和宫殿建筑等。

在充分调研的基础上，古蜀文明遗址由金沙遗址、三星堆遗址组成并联合申报。申遗过程中既要准确定义"古蜀"，包括其内涵、外延，以及对古蜀文明内在社会结构、功能布局的表征，又要体现整个古蜀文明在中国西南乃至南亚的地位、作用和影响。根据已发掘出土的文物，如海贝、玉璋等可以断定它与其他文明是有接触的，但接触的"点"还要成线、成网，要充分体现不同区域文明是如何彼此认知和交流互鉴的。

三星堆新一轮的考古大发现，为研究中华文明"多元一体"起源发展提供了典型例证；同时，也为三星堆、金沙申遗成功增加了砝码，有助于按照世界遗产的标准来研究古蜀文明的价值。当8个祭祀坑的考古成果完整呈现时，古蜀国的文明谱系会更加清晰，申遗道路也会越来越平坦。

第九站
庐山国家公园

遗产地档案

遗产名称	庐山国家公园
遗产位置	江西省
列入世遗时间	1996 年
遗产种类	文化景观
遗产地边界范围	遗产申报区范围：30200 公顷 缓冲区面积：50000 公顷

匡庐奇秀甲天下

时间：2022 年 1 月 7 日上午
地点：琵琶亭、含鄱口

"采菊东篱下，悠然见南山。""飞流直下三千尺，疑是银河落九天。""横看成岭侧成峰，远近高低各不同。"这些都是我们耳熟能详的诗句，出自名家，从唐宋时期一直传诵至今。或许很少有人注意到，它们描写的是同一个地方——庐山。

庐山，又名匡山、匡庐。据《古浔阳记》载，相传在 3000 余年前的殷周之际，有匡俗（一说名"匡裕"，又传为周武王时或秦末人）兄弟 7 人结庐于庐山虎溪之上。7 人皆好道术，在此修炼百余年。周定王派人来访，匡俗不见。又过了 200 年，周威烈王派人亲至其地，7 人已无踪，唯庐独存，后人遂称庐山为匡山，亦称匡庐。

庐山是一座将风景名山、文化名山、政治名山融合一体的天下名山，又是一座将地质景观、生物进化、历史文化立体混融的综合大观园。1996 年，庐山国家公园成为中国第一处世界文化景观遗产。庐山国家公园总面积 30200 千米，东偎婺源、鄱阳湖，南靠滕王阁，西邻京九铁路大动脉，北枕滔滔长江。庐山区域地质构造复杂，形成了多种地貌的汇集，表现出极高的地理地质科学价值与旅游观赏价值。2004 年，庐山成为首批世界地质公园。

古人云，"峨峨匡庐山，渺渺江湖间"，描绘了一幅充满魅力的庐山天然山水画卷。庐山奇峰、瀑泉、壑谷、岩洞、怪石、湖潭等共同为画卷着色，印证着"匡庐奇秀甲天下"的美誉。

|庐山瀑布云（遗产地供图）

　　庐山重峦叠嶂，以"奇、秀、险、雄"闻名于世，自古被命名的山峰有171座。群峰间散布冈岭26座，壑谷20条，岩洞16个，怪石22处。庐山水流由于山体的断裂发育和多次抬升，所流经之处形成瀑布22处、溪涧18条、湖潭14处。"不到三叠泉，不为庐山客。"三叠泉以形态奇、落差高而著称。瀑布高差155米，瀑水飘者如发、断者如雾、挂者如帘。风飘日映，瀑帘前常出现彩虹和彩球，漂浮滚动，如梦似幻。黄岩瀑布悬挂在庐山山体朝外的大陡壁上，如素练垂天、玉虹倒挂。大雨初晴，在鄱阳湖上便可眺望它狂奔怒泻。黄岩瀑布也是庐山瀑布中较为知名的瀑布，当年李白正是在此写下"飞流直下三千尺，疑是银河落九天"的千古佳句。

　　庐山海拔较低，加上傍倚大江、大湖，因此山上云雾缭绕，每年雾日约190天，也因此造就了"庐山之奇莫若云"。庐山云海气

黄岩瀑布（遗产地供图）
李白在此写下"飞流直下三千尺，疑是银河落九天"诗句

势沉雄，铺天盖地，瞬息万变。云雾景观有玉带云、云梯云、瀑布云、乱云、云海、朝霞、夕霭、霓虹等。其中庐山瀑布云最具特色。在逆温条件下，云涛千顷浩荡，翻过高峰，顺坡奔泻而下，如瀑布俯冲谷底，汹涌澎湃。山峦和云海搭配，时隐时现，形成云海越峰连天宇的壮观景象，毛泽东当年登庐山面对如此景象写下"云横九派浮黄鹤，浪下三吴起白烟"。

鹤飞千点、鄱湖烟雨、鄱湖日出、庐山佛光、瀑布云飞、梦幻云海、庐山烟云、银河落天、雾鸣天籁、天池佛灯、玉树琼花、万顷松涛、乱云飞渡、海市蜃楼、雾飘花香、天下壮观，16 大奇观构成了庐山足以问鼎天下奇绝的景观，古往今来，引无数文人墨客慕名而来。

文化名山

时间：2022 年 1 月 7 日上午
地点：秀峰景区、牯岭镇

庐山不仅风景秀美，还是一座人文圣山。在中国的名山中，庐山最早以文化群体的杰出创造载入史册，是中国山水景观文化的策源地，在中华文化的发展和传承方面发挥了重要作用。

历代诗人、学者、思想家、政治家乃至科学家都有登临庐山的记载。《史记》记载了秦始皇、汉武帝南巡时"浮江而下""过彭蠡、祀其名山川"。从唐代起，庐山在国家政治文化生活中一直占有举足轻重的地位。例如唐玄宗在庐山建造太平宫，并亲自写匾额"九天使者之殿"；南唐中主李璟曾在庐山隐居读书，南唐后主李煜在庐山建圆通寺；明太祖封庐山为"庐岳"，"爵以尊号，禄以秩祀"。

白居易在香炉峰下盖了"庐山草堂"，还把盖房记录写成了"攻略"："春有锦绣谷花，夏有石门涧云，秋有虎溪月，冬有炉峰雪。"并在篇首写下"匡庐奇秀，甲天下山"的评价。东晋高僧慧远在庐山生活30多年，在东林寺创立净土法门，开创了佛教中国化的新局面。

李白也对庐山情有独钟，一生中曾5次登临庐山。724年，24岁的李白仗剑出川，开始他大济苍生的梦想，他路过成都、重庆、湖北，经洞庭湖顺长江而下。726年，李白初到庐山，被山中景色深深吸引，从那时起便萌生"吾将此地巢云松"的愿望。750年，50岁的李白第二次游览庐山，距首次来访已过了24年。此间，他亲见了朝廷的腐败和仕途的艰险。这次庐山之旅是为求仙问道，更是为寻找机会，一展"经时济世"的雄心壮志。

李白60岁时最后一次登上庐山。此时的李白因卷入皇位之争而被流放，但在流放途中遇到天子大赦，绝处逢生，《早发白帝城》正是这次返乡途中所写。经历了大难不死的狂喜，途经九江时，他再一次登上庐山，写下了著名的《庐山谣寄卢侍御虚舟》，在诗中几乎囊括了我们今天可以看到的所有庐山美景。"登高壮观天地间，大江茫茫去不还，黄云万里动风色，白波九道流雪山……"

李白面对不同的人生境地，每次登临都要在庐山上、天地间、自然中一抒胸臆。"庐山秀出南斗傍，屏风九叠云锦张，影落明湖青黛光。金阙前开二峰长，银河倒挂三石梁。香炉瀑布遥相望，回崖沓嶂凌苍苍。""而我乐名山，对之心益闲。无论漱琼液，还得洗尘颜。且谐宿所好，永愿辞人间。""霜清东林钟，水白虎溪月。天香生虚空，天乐鸣不歇。"……李白让庐山留下了千古的诗名，而庐山则是李白的人生见证者，他在此将所见之景与心中所想融合，抒发入世、归隐、仗剑天下的情感羁绊。

中国田园诗派的开创者——陶渊明是庐山人。405 年，陶渊明回到故乡就再也没有离去，并在这里找到了人与自然和谐共处的最佳契合点——"田园"。"结庐在人境，而无车马喧。问君何能尔？心远地自偏。采菊东篱下，悠然见南山。"这首诗展现了陶渊明在庐山寻找到的人生境界。418 年，陶渊明在庐山写下《桃花源记》，构建了他心中的理想王国。陶渊明爱庐山的人景交融，"少学琴书，偶爱闲静"。在这里他经历了"带月荷锄归"的田园生活，也体验了不在凡间在神界的景致。

陶渊明开创了田园诗，这个诗歌体系在庐山发扬，影响深远；肆意遨游山水的谢灵运，也在庐山开创了中国诗歌的一大流派——山水诗；朱熹在庐山重振白鹿洞书院，使之成为宋明理学和书院教育的典范，影响了宋代以后 700 年的中国历史；陆九渊、胡居仁、王守仁等历代著名的理学家，也在这里培养了大批的人才。

庐山与众多"承包"了中国语文课本的文人大儒，都有着千丝万缕的联系。他们在此寄情山水，写下名篇佳作，使更多人慕名而来，写诗著文。据统计，有 3000 多名诗人留下了 16000 余首歌颂庐山自然美景的诗歌。其中许多诗歌是中国文学史中的名作。另外，庐山现存各类石刻多达 1300 余通。谢灵运、杜甫、李贺、欧阳修、范仲淹、王安石、陆游、颜真卿、米芾、赵孟頫、胡适、林语堂、茅盾等历代文化名人，使庐山秀丽的自然风光与丰富的历史文化不断融合，使庐山的自然美带着别具特色的社会性和艺术性，屹立于中国名山之前列。

庐山的美景还吸引了众多外籍人士到访，并长居于此。19 世

白鹿洞书院（遗产地供图）

纪末 20 世纪初，中外人士在庐山牯岭建造了大量别墅。牯岭是英文 Cooling 的音译。牯岭别墅群至今尚存 600 多栋，鼎盛时期最多近千栋，分别展现欧美 18 个国家的不同风格，有英国券廊式建筑、巴洛克式建筑、哥特式建筑……俨然一座万国建筑博物馆。

伴随建筑而来的，除了西方的生活方式，还有西方文明、宗教、艺术的冲击。庐山上曾有基督教、天主教、东正教、伊斯兰教与庐山历来存在的佛教、道教并存。一山六教，是庐山特定时期独有的文化现象。

如今，我们可以从别墅建筑中感受规划者科学设计、坚持人与自然和谐的理念。别墅区顺着山势以石径铺就社区内的各条通道，形成道路网格；沿着长冲河呈轴线建造自然园林，开辟步行的游览路线；在平坦的河滩上种植草坪和树林。最重要的是，别墅区的土地经过了编号，每个编号约 2500 平方米的面积上，只准盖一幢别

牯岭别墅区建筑（遗产地供图）

墅。控制了建筑密度，也就保障了生存环境的宜居性。同时别墅不必统一式样，完全由个人自行发挥，体现了自由开放的氛围。

作家赛珍珠就是在牯岭别墅生活的外籍人士。1892 年 10 月，出生 4 个月后赛珍珠即被身为传教士的双亲带到中国，他们就住在牯岭别墅，从此当年供一家人避暑的别墅以及它所在的庐山，在赛珍珠的生命中有了非凡的意义。

赛珍珠在中国生活了约 40 年，中国人、中国事一直是她创作的主要题材，她也因创作小说《大地》和父母的传记而获得了诺贝尔文学奖。她在致答谢辞时说："如果我不为中国人说话，那我就是不忠实于自己，因为中国人的生活也就是我的生活。我的祖国和我的第二祖国——中国，在心灵上有很多相似的地方。但首先是对自由、美满和幸福的强烈愿望和美好追求。"可见在庐山的时光是赛珍珠一生中最美好的回忆之一。

曾经的外国人聚集地，如今已成为人民的文化圣地。1953 年，山上所遗留的 100 多栋欧美别墅被改造成了干部和劳动模范休养所。他们中很多人来自生产的第一线，庐山也由一个贵族的山，变为人民大众的山。现在很多别墅收为国有，被建成了博物馆、纪念馆，对民众开放，让我们了解那些历经风雨的老别墅和它们周围发生过的往事。

恋庐山

时间：2022 年 1 月 7 日下午
地点：庐山世界遗产监测预警展示中心、庐山恋电影院

庐山不仅是一座山，承载来往的游客，更是一座城，养育了几代庐山人。庐山对他们来说是家。庐山世界遗产监测预警展示中心副主任吴倩妮，正是"第四代"庐山人。她和其他庐山人共同生活在庐山之巅——牯岭镇。这里海拔 1164 米，三面环山，一面临谷，常住人口 1 万多人。几百年来，居民的主要水源仍是芦林湖。一方水土养育一方人，一方人护佑一方水土。生于此、长于此，学成归来又守护于此，如吴老师一般的庐山人都在用自己的方式表达对庐山的热爱，为建设家乡做出贡献。

庐山的遗产监测在世界遗产监测中具有典范性地位。走进庐山世界遗产监测预警展示中心，我们就被正前方的大屏幕所吸引。屏幕上展示了庐山的地理状况、遗产要素汇总数据、景点监测内容等。庐山遗产监测系统是第一次实现了文化景观监测，并将物候景观纳入遗产监测系统。庐山的"三普"数据、"四有"档案都在这里得到

牯岭镇（遗产地供图）

了电子化的呈现。以大数据方式分析、总结和预测，并将预测结果反馈展示，为游客管理提供指导。2021年福州世界遗产大会上，庐山遗产监测系统作为中国世界遗产监测的典型案例向全球发布。

庐山遗产监测系统还专门为游客提供智慧旅游服务。比如监测中心目前可以实现"云"上丈量庐山各景点，使用中心的三种交通工具，通过虚拟系统，我们可以真切感受不同的庐山登顶方式，还可以通过人机互动了解庐山景区一年四季如画风景以及各文保点被监测的实时情况。北宋文学家苏轼来到庐山，曾发出了"不识庐山真面目，只缘身在此山中"的感叹。但现在，依靠现代科技，庐山得到了全方位的监测和保护，同时也为游客提供了跨越时间的美景。

庐山因无数文豪的诗句誉满天下，也因一部电影而创造了吉尼斯世界纪录。1980年7月12日，电影《庐山恋》在庐山恋电影院首映，至今已经播放20000多场。《庐山恋》被誉为改革开放后的

庐山世界遗产监测预警展示中心监测大屏（遗产地供图）

第一部爱情片，上映一周，全国就有 5 亿人次观看。编剧毕必成出于对庐山的熟悉和喜爱，以庐山作为外景，而这也成了庐山最好的宣传。可以说是一部电影唤醒一座山，一座山带红一部电影。这部电影中的泳装造型、被誉为"新中国电影第一吻"的亲吻镜头，展现了改革开放后的新气象，是中国走向繁荣与开放的信号。

2002 年 12 月 12 日，《庐山恋》获得吉尼斯世界纪录的殊荣，创造了世界上同一家电影院放映同一部故事影片观众人次最多、放映场次最多、使用拷贝最多的多项纪录。在此之后每一位到场观看电影的观众都成为这个纪录的刷新者，"万里少年团"也为新的纪录贡献了自己的力量。

杨霖、吴慧夫妻是庐山电影院的放映员，从 1981 年被分配到庐山东谷电影院工作至今，40 多年的时间里他们每天做着同一件事：放映《庐山恋》。他们走过电影出现的所有场景，对电影台词

庐山恋电影院（遗产地供图）

倒背如流。他们把家就安在电影院里，与放映室中间只隔着一条走廊。如今，现代化的放映机一个人就可以操作，但吴慧依然每晚去电影院陪伴丈夫杨霖放电影。即便到了今天，在庐山恋电影院看一场《庐山恋》，仍是很多游客的必选项目。而正是荧幕背后的放映人默默为游客们进行着服务。他们用几十年只做一件事的情怀表达着对一部电影的热爱，对庐山的爱恋。

　　从一座山到一首诗，从一部电影到多学科力量的科学监测，不同时代的人用不同的方式表达着"恋庐山"。其中有苏轼、李白等无数文人墨客对庐山的慕恋，他们仰慕庐山，来到庐山脚下读书修身，留下千古诗句；有赛珍珠、陈三立等对庐山的留恋，庐山的生活是他们人生的重要组成，终生怀念；也有本地人、外地人对庐山的爱恋，他们用自己的方式爱恋着庐山的自然。庐山人承载着厚重的文化，也用双手守护庐山云雾中的那份记忆。

文化景观的探索

时间：2022 年 1 月 8 日上午
地点：鄱阳湖

　　随着人们对世界文化遗产内涵和价值认识的逐步深化，我们得以从更广阔的视野、更深入的角度去分析和梳理文化遗产之间的内在联系，探索和建立新的文化遗产类型和相应的保护方式、手段、体系。由此，受到关注与保护的文化遗产类型也在不断扩充，诸如"历史城镇""传统村落""文化线路"等特殊的文化遗产类型走进了我们的视野。这些新型文化遗产的共同特点，都体现出文化与自然两者的密切关联和相互结合，反映了世界文化遗产开始呈现出多元化的价值，并拥有了更为深刻的含义。

　　1987 年，世界自然保护联盟考察中国申报项目泰山时，发现泰山不同于一般世界遗产项目的独特价值，即它不仅符合世界自然遗产的标准，也同时符合世界文化遗产的标准，促使了在世界遗产类别中"世界文化和自然双遗产"这一新类别被认可。而"文化景观"遗产概念的最终确立也源自对世界文化遗产的保护。

　　1992 年 10 月，世界遗产中心会同国际古迹遗址理事会与世界自然保护联盟，在法国的拉贝第皮埃尔召开专题研讨会，建议将杰出的文化景观遗产纳入《世界遗产名录》的体系之中。两个月后，在美国圣菲召开的世界遗产委员会第 16 届会议上，决定将具有突出普遍价值的文化景观遗产纳入《世界遗产名录》。至此，在《保护世界文化和自然遗产公约》公布 20 年后，世界文化遗产的体系中增加了"文化景观遗产"这一新的类型。

根据《世界遗产公约》第一条的内容，世界遗产委员会认为文化景观遗产代表着"自然与人类联合工程"，具有多种多样的形式，兼具文化遗产与自然遗产保护的要求与特性。"文化景观"是指自然与人类创造力的共同结晶，反映区域独特的文化内涵，特别是出于社会、文化、宗教上的要求，并受环境影响与环境共同构成的独特景观。"文化景观"也是从较大的范围、较充分的规模去发现和认识在某种特定环境中人的创造和生存状态。文化景观遗产的确立意义重大，使人类和自然相互依存、相互影响的关系在文化遗产中得到具体的体现。其背景是城市化发展进程不断加快，人们生存环境日益遭到破坏，人类需要保存土地利用的历史和遗迹，维持生物的多样性，实现人类与自然和谐健康的发展。

其实，在庐山申遗前后的 20 年间，国内存在对文化景观遗产的理解不到位的问题，也经历了一个从概念到观念逐步转型的过程。2004 年，以费勒教授为代表的专家学者质疑中国规避申报世界文化景观遗产，引起中国申遗专家与研究者的重视，开始从理论与实践上寻求与世界对接的途径。在理论上，一批研究者开始梳理建基于地理学科理论之上的"文化景观"一词的定义、分类、标准、特征及文化景观遗产保护的方法与途径，从一个侧面表明了我国现代文化景观遗产研究的独立探索。

2006 年 12 月，在中国世界文化遗产专家委员会考察、评估和推荐工作的基础上，国家文物局审议通过了重新设定的《中国世界文化遗产预备名单》，共包括 35 个项目，体现了我国文化遗产的丰富性和多样性，也显示出近年来国际社会对文化遗产内涵和外延新的认识和拓展。经过分析，其中可以作为文化景观遗产考虑的约占三分之一。由此可见，我国在文化景观遗产申报方面具备较大潜力。

2008 年 6 月，我国第三个文化遗产日前夕，"世界遗产保护·杭州论坛"在西湖畔召开，来自 15 个国家的 80 多位文化遗产专家和遗产地管理者齐聚一堂，共同探讨文化景观遗产保护所面临的现实挑战和应采取的相关措施。与会代表一致认为，虽然各国的文化景观遗产各具特色，但是均面临着诸如城市建设的冲击、自然灾害的破坏等类似问题和威胁，保护刻不容缓。因此，应确立正确的文化景观遗产保护理念，科学认定其内涵、准确评估其价值，完善保护的专项法规，制定有效的保护规划，并将保护目标的实现与民众的日常生活改善相结合，实现文化景观遗产的可持续保护。

2009 年 6 月，五台山成为中国第二个以混合遗产提名，却被世界遗产组织归入"文化景观"类型的世界遗产。这使中国的申遗专家与相关研究者开始认识到，文化景观遗产不仅仅是一个必须接受的新概念，而且必须从观念与理论上去理解与接受，加大文化景观申遗力度。之后，2011 年杭州西湖文化景观、2013 年云南红河哈尼梯田、2016 年广西花山岩画陆续申遗成功，文化景观申遗取得巨大进展。

我国拥有辽阔的疆域，文化景观遗产资源类型丰富，无论是众多国家历史文化名城、名镇、名村，还是全国重点文物保护单位、国家重点风景名胜区、国家级自然保护区，许多都是人类与自然共同的杰作，应该作为文化景观遗产，开展深入研究并积极予以保护，这需要今后继续努力。

第十站
大运河·淮扬运河
扬州段

遗产地档案

遗产名称	大运河·淮扬运河扬州段
遗产位置	江苏省扬州市
列入世遗时间	2014 年
遗产种类	文化遗产
遗产地边界范围	遗产申报区范围：4045 公顷 缓冲区面积：4765 公顷

广陵自古繁华地

时间：2022 年 1 月 11 日上午
地点：蒋家桥

　　2014 年 6 月 22 日，在卡塔尔首都多哈召开的第 38 届世界遗产大会宣布：中国大运河项目成功入选《世界遗产名录》，成为中国第 46 个世界遗产项目。大运河始建于公元前 486 年，其历史及演变我在《大运河漂来紫禁城》一书中多有讲述。

　　大运河项目的申遗河段由京杭大运河、隋唐大运河、浙东运河 3 部分构成，是一个复杂变化的时空体系，由通济渠段、卫河（永济渠）段、淮扬运河段、江南运河段、浙东运河段、通惠河段、北运河段、南运河段、会通河段、中河段这 10 个始建于不同年代、处于不同地区、各自相对独立发展演变的河段组成。各段河道分段凿成，时有兴废。7 世纪和 13 世纪的两次大沟通，将这些河段改造、连接起来，组成了贯通南北的大运河，并持续运行了数个世纪，对中国和世界产生了巨大而深远的影响。

　　一般认为，今天大运河最早的河段是当年被称为"邗沟"的淮扬运河（也称"里运河"）。邗沟又称邗江、韩江、邗溟沟、中渎水，古邗沟故道位于今扬州城北，从螺丝湾桥向东直达黄金坝，是春秋时期吴王夫差为直接运兵北上攻打齐国而开掘的。而扬州城与大运河的邗沟段同期修建，因此扬州与大运河共生、同龄。

　　如果把中国最长的河流——长江作为 X 轴，把世界最长的运河——大运河作为 Y 轴，其坐标轴原点正好是扬州，是长江经济

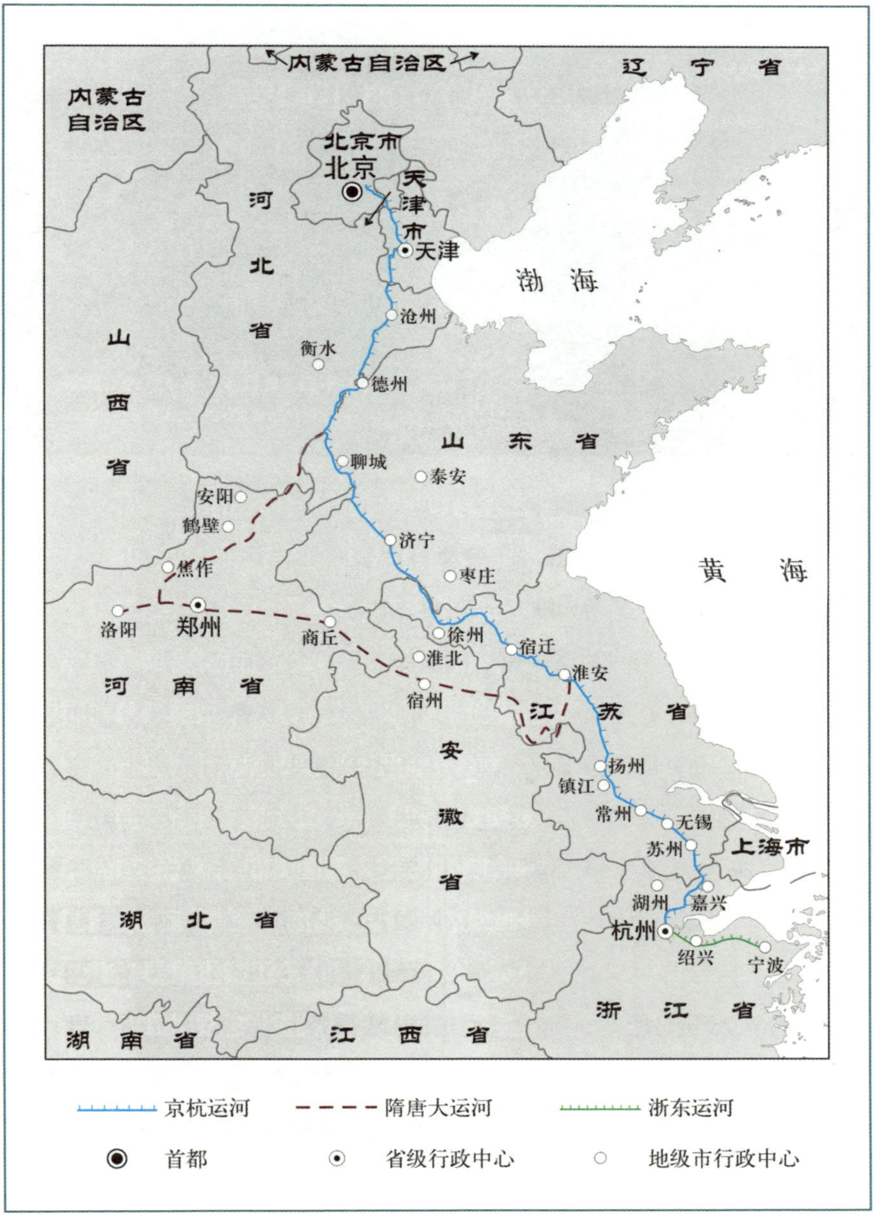

内蒙古自治区

辽 宁 省

内蒙古
自治区

北京市
北京 ◎
天津市
天津 ⊙

渤 海

河 北 省

沧州

山 西 省

衡水
德州

聊城

山 东 省

泰安

安阳
鹤壁
焦作

济宁

枣庄

黄 海

洛阳
郑州 ◎
商丘

徐州
淮北
宿迁
淮安

河 南 省

宿州

江 苏 省

安 徽 省

扬州
镇江
常州
无锡
苏州

上海市

湖 北 省

湖州
嘉兴
杭州 ◎
绍兴 宁波

湖 南 省

江 西 省

浙 江 省

京杭运河 ----- 隋唐大运河 浙东运河

◎ 首都   ⊙ 省级行政中心   ○ 地级市行政中心

大运河示意图

扬州古运河（新华社供图）

带、大运河文化带这两大国家战略的交汇点。

扬州是与大运河关系最密切的城市之一，民间有个影响非常大的说法：隋炀帝开挖运河的目的是为了到扬州寻欢作乐。这种说法虽然过于片面，但千百年来一直流传，也反映出人们对扬州生活富足的某种认同。上到帝王人家下到文人百姓，今天在运河第一城的扬州，我们更能够看到大运河的前世与今生。

民以食为天，大运河造就了两岸热闹的运河城市，也就使这些城市有了自己的美味。通过流淌的运河，这些美味得以四处传扬，成为名满天下的佳肴。扬州，是被联合国教科文组织认可的"世界美食之都"。在这里，流传着"早上皮包水，晚上水包皮"的说法，"皮包水"即吃早茶。于是，我们就从早茶开始，走进扬州人的生活。

扬州无疑是精致且充满烟火气的，干拌面、腰花汤、千层油糕、

翡翠烧卖……一道扬州炒饭更是体现着这座城市的特色。扬州炒饭也叫碎金饭，正宗的做法光配料就有 10 种，而且对刀工也有讲究。我下厨制作了一份扬州炒饭，热锅、热油、热饭、鸡蛋松……精细的步骤，成就了这座历史文化名城的烟火气。

"广陵自古繁华地，三月烟花八月涛"，正是自隋炀帝开凿南北运河之后，扬州才位于运河与长江交汇之处，且居运河中枢之地。唐代扬州继成为东南漕运中心之后，又确立了盐业集散中心的经济地位，成为中国东南最繁华的大都会。明清时期扬州兼漕、盐、河三者之利，作为两淮盐业集散中心，是一个充满活力与吸引力的开放型城市。扬州凭借其发达的运河交通网络，成为南北经济、贸易与文化的融通汇合之地。

中国古代盐政一直与河运密不可分。西汉吴王刘濞于公元前 179～公元前 141 年开凿了一条人工运河，西起扬州茱萸湾（即今湾头镇），东经过海陵仓（今江苏泰州）至如皋蟠溪（今属如皋城）。这条运河因主要用来运盐而一直被称为"运盐河"，它将江淮水道与东部的产盐区连接起来，使得东部盐场的盐通过运河集中到扬州，然后转输各地。这为当时的吴王刘濞带来了滚滚财富，使其得以积聚财富发动七国之乱。

由于产盐区主要在淮河故道入海口的南北，故又名两淮盐场。古来素有"两淮盐税甲天下"之说。元代设都转盐运使司，明清相沿，两淮都转盐运使司衙署是大运河沿线城市中重要的盐业管理机构，设在扬州城。这样一来，扬州城就成了盐务的中心城市，凸显了扬州作为清代大运河地区盐业流通中转站的历史价值，也体现了大运河以粮食、盐为主要水路运输商品的特点。盐业的管理者与盐商大量聚集于扬州。清代所设立的两淮盐漕察院，是两淮盐区最高长官巡盐御史的办公场所，位于今天的扬州城开明桥东南。盐政机构是一个庞大的系统，与盐商一起构成了扬州的一个重要的社会组成部分。清代前期，盐运数量达到高峰，扬州盐业也在乾隆、嘉庆时期达到鼎盛。

盐业是一种特许经营，对于扬州繁华的作用突出。卖盐、运盐本来已经有了收入，待到盐船返程时又可将目的地的特产运回扬州。明清两代均有免税的政策，盐船满载而出又满载而归，赚取了大量的利润。盐商中以徽商占比最大。徽州在明清时期是文化较为发达的地区，因而徽商在发家致富之后，对于文化的需求也相对较高，这给扬州城市建设以及城市生活都带来了一定的影响。

扬州作为明清时期闻名全国的工商城市，有"东南第一商埠"之称，商旅辐辏。自衙署、会馆、商贾住宅，以至酒楼茶肆，叠石引水，种竹栽花，蔚为风气。新城南河下巷子两侧宅园、会馆毗连，被誉为"花园巷"。明代初叶，瘦西湖两岸建造起园林。至清代，乾隆皇帝多次南巡至扬州，地方绅商竞相建园，以期得到"御赏"，呈现出"两堤花柳全依水，一路楼台直到山"的景象。

这其中最有代表性的是个园。个园是清嘉庆二十三年（1818年）由两淮盐业商总黄至筠在明代寿芝园旧址上创建的。广植修竹，竹叶形如"个"字，取名个园。进园修竹临门，石笋参差，构成一幅以粉墙为纸的竹石画面，点出春景。月洞门的横额上有"个园"两字，切合竹石图的主题。过春景，出现一座以湖石叠成的玲珑剔透的"夏山"。运用"夏云多奇峰"的形象，通过灰白调的石色，环绕的清流，绿树披洒的浓荫和深邃的山洞，给人以苍翠欲滴、夏山常荫的感觉。秋山用黄石堆叠，气魄雄浑，又富画意。几座石峰，拔地而起，峻峭依云，气势非凡，似有石涛画意。全山立体游览路线，引人入胜。秋山环园半周，10余丈，是全园的制高点。造园家手法巧妙，使最高的秋山有尽而不尽之感。从黄石山东峰而下，即为宣石（雪石）堆起来的冬山，使人有积雪未消的感觉。雪山墙面正对着扬州常年主导风向，开了四排尺许的圆洞，既有犹如风贯墙洞声呼啸所造成的音响效果，又能制造出北风凛冽的景象，加强了冬景的气氛，是罕见的造园手法。冬景结束，西墙辟有两个圆形漏窗，透出远方的春色，修篁石笋重又映入眼帘，寓意"冬去春来"。游览路线是环形的，春、夏、秋、冬时序更迭，周而复始。个园假山各具特色，旨趣新颖，是中国园林四季假山的孤例。

因河而兴，因势利导

时间：2022 年 1 月 11 日上午
地点：东关街、邵伯古镇

自大运河开通后，扬州就成为商贸往来和文化交流集聚地。

扬州的"高光时期"是在唐代。唐代中后期，扬州是淮南道的首府，分为子城和罗城两部分。唐初只有子城，为官衙所在地。罗城面积是子城的几倍，为市民居住及工商活动区。唐代扬州城布局整齐，坊里街道如棋盘格子，店肆林立，每到夜间，夜市千灯璀璨，照耀着这座依水而建的繁华城市。城中有几条作为漕粮中转、商品往来和城市交通供水的官河纵贯南北，连接两岸的诸多桥梁自然应运而生，所谓"二十四桥明月夜"并非虚言。尤其到了安史之乱后，北方人口大量南迁，扬州更为繁盛。世界各国的文化在此交汇，展示了广阔的城市生活画卷。商人是在这个纸醉金迷的都市里最为活跃的群体，盐商、茶商、珠宝商……舟车相属，争相求富，各显身手。其中不乏翻山越洋而来的域外商人，他们携着异域珠宝、珍稀药物等来到中原，为扬州的商业增色不少，且充满诸多传奇色彩。这些在《太平广记》等书中多有记载。

利津古渡（即今天的东关古渡）是当时扬州最繁华的交通要冲。有了码头就有街市，舟楫的便利和漕运的繁忙，催化出一条商贸密集、人气兴旺的繁华古街——东关街。

东关街全长 1122 米，街内现有 50 多处名人故居、盐商大宅、寺庙园林、古树老井等重要历史遗存。而且拥有众多"老字号"商家，比如开业于 1817 年的四美酱园、1830 年的谢馥春香粉店、1862 年的潘广和五金店、1901 年的夏广盛豆腐店等。东关街拥有比较完整的明清建筑群及"鱼骨状"街巷体系，保持和沿袭了明清时期的传统风貌特色。东关街至今仍是扬州的商业重地，传统色彩浓厚的手工艺、特色小吃和商业老字号集中地。

东关街（新华社供图）

东关街是扬州城发展演变的历史见证，也是扬州运河文化与盐商文化的发祥地和展示窗口，距今已有 1200 多年历史。2010 年，东关街荣获"中国历史文化名街"称号。该评选活动由全国 24 个省、自治区、直辖市根据"一市一街"的规定，报送了 200 余条街道参评。以历史文化特色、保存状况，文物古迹、历史建筑保存丰富等为标准进行评选，最终评选出 10 个。

大运河是连通南北的交通要道，但是中国地势南低北高，如何解决南北舟楫往来问题呢？堤坝是解决问题的一种重要工程手段。邵伯古堤是位于扬州市江都区邵伯镇甘棠社区以西的运河故道东岸的一段古运河河堤，始建于宋代。开始只有一道古堤坝，明代修建了第二道，清代修建了第三道。古堤现存部分南北长 300 米，截面为梯形，下底宽 8 米、上口宽 2.5~3 米、高 5 米。修建它的最初目的是因为大运河在明代是淮河入江的通道，两岸河床越来越高，十分危险，所以修建一座堤坝来抵御洪水，保障邵伯镇安全。同时，使邵伯段大运河脱离湖面，成为独立航道。

为了解决地势问题，大运河的"设计师"采用了多种方式：直道使曲，以弯曲的河段来消除地面高度不一形成的水位差，保证河面平缓；筑堰挡水，在河流的交汇处筑堰挡水，提升水位低于运河的河段的水位，保证河面平缓；建闸，在需要解决水位差的河段修筑闸门等方法，保障顺利通航。这样，运河的历代建设者克服了多变的地形高差，巧妙利用沿线江、河、湖、泊等多样的水资源条件，经过持续的建设和不断地适应和改造自然，实现了世界上最早的水资源空间调度，形成了大运河这样一个规模庞大的航运工程体系，从而造就了运河两岸的繁华。

大运河漂来紫禁城

时间：2022 年 1 月 12 日上午
地点：中国大运河博物馆

我是扬州的老朋友，也亲眼见证、亲身参与了大运河申报世界文化遗产、扬州城遗址保护等扬州重大文化历史事件。大运河培育了城市文化，尤其对于终点北京，对于故宫都有重要意义。自建紫禁城起，南方的建材、珍宝、人才通过大运河源源不断运往北京。

在紫禁城建造初期，大量的建造材料、工匠都是顺着大运河运到北京的。例如明代永乐年间为迁都北京而兴建皇城，来自各省

| 中国大运河博物馆，整体呈巨型船只造型（新华社供图）

　　的城砖、"金砖"经过大运河络绎不绝地运到北京；鱼米之乡的粮食等物资经运河北上，为紫禁城作为皇宫的运营提供了物质支持；包括康熙、乾隆皇帝在内的统治者，多次顺着大运河南下巡视；还有更重要的是，大量的人才、独具特色的各个地区的文化，通过大运河源源不断地进入京城。从某种意义上说，京剧也是从大运河"漂"到紫禁城，又从紫禁城红遍北京城，再沿运河"漂"向全国的。所以说，无论是物质文化还是精神文化，紫禁城都离不开大运河。

　　我常说，"紫禁城是大运河上漂来的"。在数量众多的运送名录中，扬州珍宝占据重要地位。如今我们仍然能够在这座昔日的皇城中寻找到众多巧夺天工的扬州技艺。如华美细腻的大禹治水图玉山、小巧雅致的卢葵生制漆器、工整精美的扬州诗局刊刻图书、"扬州八怪"的珍贵书画作品等，都随着缓缓流淌的大运河来到京城，进

中国大运河博物馆刊刻技艺展陈

入紫禁城，充分彰显了扬州民众的智慧以及城市的文化底蕴。这些器物、作品使扬州工艺的美誉名扬天下，为世人称道。

扬州是一座人杰地灵、崇文尚教的历史文化名城。2500 多年的文化积淀，使这座城市始终散发着浓浓的书香气息。汉唐以来，特别是清康乾年间，扬州盛行刻书、印书、藏书。曹雪芹的祖父曹寅奉康熙之命在扬州天宁寺刊刻《全唐诗》，成为轰动一时的文化盛事。乾隆皇帝设立《四库全书》馆时，扬州藏书家马曰琯、马曰璐兄弟捐书 776 种，位居全国私人捐书之首。1789 年，《四库全书》正式入藏扬州文汇阁。自此，扬州便与《四库全书》结下了不解之缘。

扬州虽距紫禁城有千里之遥，但它与紫禁城有着深厚的文化渊源。清初定鼎北京，于康熙十九年（1680 年）在武英殿设立修书处，专门掌管刊印装潢书籍之事。武英殿修书处承刻的书，数量最多、时间最长，所刻印的书籍校勘精良，刻工精细，可谓尽善尽美。因其刻印机构设在武英殿，简称"殿本"。康熙时期则以武英殿修书处为主，包括中央各部院衙署及苏州、扬州盐运使、三织造奉敕设局承刻。康熙四十年（1701 年）以后，内府编书日益增多，由于武英殿修书处人员及技术力量不足，有些大型图书发交地方官员捐资承刻，主要是扬州诗局和苏州诗局。故宫博物院现存扬州诗局清代内府刻书包括：《全唐诗》九百卷、目录十二卷，《佩文韵府》一百零六卷，《钦定全唐文》一千卷、并卷首四卷，《清圣祖御制诗》初集十卷、二集十卷、三集八卷等。

同时，扬州地区为两淮盐政所在地，是清代重要的官作玉器生产地。故宫博物院现藏3万多件玉器中，扬州玉器占有一定的比例。扬州玉器以擅长攻治巨型玉器而闻名，碾琢大型玉山是乾隆中晚期两淮盐政玉作的"绝活"，琢玉水平处于全国领先地位。巨型玉山的设计制作受到扬州明清时期绘画艺术的影响，是绘画艺术与琢玉技术的结合，注重形象的刻画和情节的描述。扬州玉器造型丰富多样，除巨型玉雕以外亦承做山子、玉碗、玉洗、宝月瓶、花囊、执壶等多种形制的玉器。在制作工艺上，扬州玉器善于多种技法并用。一件玉器的纹饰往往采用阴纹、阳纹、双勾、减地、剔地、隐起、镂空等多种工艺。乾隆中晚期由新疆进贡的碧玉原料，曾多次发往两淮盐政制作玉器。

近年来，故宫博物院与扬州市政府的合作关系不断发展。2014年，大运河成功进入《世界遗产名录》，故宫博物院与扬州博物馆首次合作举办"紫禁城·扬州·大运河——故宫博物院、扬州博物馆馆藏文物精品展"，展出了与扬州工艺及运河贸易相关的故宫博物院藏品70件套，涉及玉器、瓷器、书画、漆器、图书、竹木牙雕等众多门类。2014年11月，故宫博物院与扬州市政府签署了合作框架协议，进一步加强双方合作关系。2015年，扬州城建成2500年之际，故宫博物院参与了在扬州博物馆举办的"领异标新二月花——扬州八怪书画联展"，展览展出了故宫博物院所藏"扬州八怪"书画作品 30 件 / 套。2016 年 5 月 18 日"国际博物馆日"当天，故宫博物院与扬州博物馆合作举办的"历史印迹——清宫帝后宝玺特展"开幕，展出的文物达 100 件 / 套，全部来自故宫博物院。

故宫博物院是在明清两代皇宫及其收藏的基础上建立的中国最大的综合性博物馆，扬州是国务院首批公布的历史文化名城，双方物质与非物质文化遗产均十分丰厚，在全世界享有盛誉。相隔千里的扬州与紫禁城有着千丝万缕的联系，扬州文化与故宫文化也相互浸染。为了弘扬中华民族优秀文化，发挥各自优势，振兴文物博物馆事业，故宫博物院与扬州市政府不断携手努力，互帮互助，加强合作，不断创新，让更多民众受益于文化遗产保护与传播的各项成果。

大运河保护与"申遗"
给运河诸城带来的思考

时间：2022 年 1 月 12 日下午
地点：瘦西湖

扬州因其一直以来并非政治中的特殊角色，得以一定程度上避免了历代王朝更迭所带来的战火毁坏。它像罗马一样，保存了 2500 多年间的城市格局演变和绝大部分历史城市中心的组成要素，以及对中华文明核心进程各个历史阶段的影响痕迹。

深厚的历史文化给予扬州崇高的文化理想，也使得它没有沦为"千城一面"的平庸城市，而是始终保持了独特的历史景观以及文化风貌。2011年杭州西湖申报世界文化遗产成功，也有一部分得益于扬州瘦西湖的经典保护示范。当时西方人不能理解中国湖泊山水景观天人合一的意义，举出了很多比西湖自然景观和水质更好的湖泊，要求进行比较研究。但是我们请国际组织遗产专家来到扬州，介绍了瘦西湖的遗产价值和保护案例，让他们理解了中国湖泊的特色美，最终西湖申报世界文化遗产获得成功。

我们今天也要看到，扬州对遗址的保护和利用还有一段路要走。扬州人的生活是运河文化和扬州文化的结合，将这样的文化传播出去，让这种生活成为扬州人的骄傲，并让更多人获益，是扬州一直努力的方向。城市故事是城市今天的借鉴。一个城市的历史变迁对城市文化传承必然产生深远的影响。每一座城市的个性化的自然空间、人文景观和历史遗存，都具有文化资源意义。每一座城市都应该讲述自己的故事。

作为活态遗产，变迁是大运河及运河沿线城市发展中与生俱来的性格。在城市化快速发展的大背景下，如何在变迁中强调延续、传承文脉、维系生态将是运河城市需要不断深化思考的课题。拥有文化内涵及历史视野的城市决策者，都应该懂得珍惜每一处具有人文价值的历史城区、传统建筑以及文化街区。在文化遗产保护和城市文化延续的前提下重新审视城市的功能。这样虽然可能延缓城市发展中某些短期行为，但是获得的却是城市的恒久价值。

在"城市更新"的旗号下，"旧城改造"席卷诸多历史文化名城。一个个历史街区被夷为平地，取而代之的要么是高楼大厦，要么是"假古董"，让人痛心疾首。当麦当劳、肯德基、星巴克大举"侵入"历史街区、著名景点这些"文化心脏"时，城市到处盖起"曼哈顿式"的高楼，我们的文化自信在哪里，中国的城市特色在哪里?

瘦西湖（新华社供图）

对待历史街区，正确的态度是"有机更新"——保护其风貌、尺度和生活方式，拆除有碍观瞻的建筑，悉心地维护和打磨，以传承历史记忆、激发街区活力。如今人们都认识到历史文化街区和传统建筑对城市发展的重要性，大拆大建只会造成文化灾难和城市历史湮失。例如在西部的中心城市重庆，长江和嘉陵江交汇处曾经是著名的朝天门码头，高高的台阶踏步广场，两侧具有浓郁地方特色的吊脚楼群，给来访者以深刻印象。但为建设朝天门广场，朝天门码头和传统建筑被全部拆除，这对于重庆来说无疑是一场文化灾难。

城市的文化传承还体现在整体风格、建设尺度上。清华大学建筑学院师生曾在各地调研，拍摄回来各个城市风貌的照片。但他们发现如果不是摄影者本人整理，别人很难分辨得出拍摄的是哪座城市。正所谓"南方北方一个样、大城小城一个样、城里城外一个样"，令人一叹。

大广场、大水面、景观大道、豪华商务楼的扎堆，不仅模糊了城市个性，还影响了城市管理、市民生活，带来不同程度的"城市病"。城市不应"贪大求洋"，而应该坚守自己的文化特色。在欧洲的历史城区中，"引领"城市天际线的总是教堂、市政厅等公共建筑。城市建筑体量往往不大、住宅建筑层数往往不高，保持和谐宜人的尺度。在我国，瘦西湖是没有视觉污染的景区。从 20 世纪 90 年代开始，在瘦西湖周边建新楼，都得按设计高度"放气球"，即工作人员会在现场放气球，测量建筑允许达到的最大高度。瘦西湖景区内，熙春台、五亭桥、白塔、二十四桥等地势较高，工作人员会站在这几处观测。如果看到气球，就表明建筑物超高，项目就要"低头让景"。因此瘦西湖始终保持优美的文化景观，几十年来没有任何一座高大建筑"闯"进瘦西湖的景观中来。

在运河沿线城市的保护、展示以及建设过程中，应当用文脉延续的手法融合各类已有的城市空间，使新旧城区共同组成和谐的整体。融合的过程就是有序演进的过程，来自对城市发展动态、生长和变化特性的认识。新老城区之间虽然有明显的时间梯度印痕，但是只要建筑尺度和城市设计层面上的街廓单元控制得好，就能够给人们呈现出丰富多样、统一而有变化、有序而多元的整体感，就能把握好尺度均衡和创新性的关系。历史城市的发展强调的正是这种城市空间的连接和融合，表现在历史与未来、城市空间与自然环境、人与建筑以及建筑与建筑的对话上，通过对话、融合创造出宜居的城市文化空间。

另外，大运河保护一定要惠及广大民众。世代生活在大运河沿岸的广大民众是大运河遗产的所有者，是大运河遗产最重要的守护者，也是大运河遗产保护的主要力量。他们与千古流淌的大运河有着深厚的感情，他们身上也蕴藏着保护大运河、维护精神家园的巨大热情和无穷智慧。山东运河上的周家店船闸遗址位于目前的聊城周店村，该村的书记听说北京来人考察船闸保护情况，专门赶来表达村民的心愿。他说，全村人都盼着政府早日采取行动整治船闸周边环境，大家都愿意出力把祖辈留下的宝贝保护好。大运河保护和申报世界文化遗产必须顺应民意，贴近民众，关切民生。

事实上，自 2006 年 6 月国家及运河沿线各地秉承民意，正式启动大运河保护和申报世界文化遗产工作至今，各地政府和民众的保护和申报世界文化遗产的热情持续高涨。一些河段两岸民众自觉保护运河，参与清理垃圾、打扫运河，出现了"河水清冽，碧波荡漾，当地人在河边张网捕鱼，聊天嬉戏"的情景。一些运河城市搬迁岸边企业厂房，整改历史街区中的不和谐建筑。扬州市、无锡市、济宁市等都在探索与实践中保住了城市的独特风貌，凸显了运河城市的文化魅力，让文化传统得以延续，妥善处理了城市发展与运河遗产保护的矛盾。

在大运河遗产的保护过程中要充分发挥广大民众积极作用，环境整治工作中要妥善处理保护与民生的关系。做好大运河保护的宣传工作，向民众介绍大运河保护工作的意义和影响，取得民众的理解和支持；将民众利益放在至关重要的位置上；将运河遗产的保护与当地民众生活的改善结合起来，在恢复古运河历史风貌的同时，改善民众生活环境，提高民众生活水平，使运河保护真正地惠及民众。

通过努力，保护大运河遗产本体及其环境，解决了民生问题，改善和美化了当地百姓的生活环境，大运河遗产保护就会得到民众的拥护和支持，他们也会自觉加入大运河遗产保护的行列，成为最忠诚、最可靠的依靠对象，也会出现全民守护大运河、保护文化遗产的喜人现象。

今天我们讲运河城市的历史和故事，也是为了找到每一座城市的灵魂，只有找到城市的灵魂，才有可能防止泯灭个性、千城一面。城市能不能保持独具的城市文化特色，发扬城市优秀文化传统，实现城市新的文化理想，这是一个艰难的行程，也是一片广阔的天地。

第十一站
北京中轴线

遗产地档案

遗产名称	北京中轴线
遗产位置	北京市
遗产种类	文化遗产
遗产地边界范围	遗产申报区范围：590公顷 缓冲区面积：3530公顷

北京城壮美之本

时间：2022 年 1 月 25 日上午
地点：鼓楼、钟楼

　　北京是一座具有 3000 多年建城史的古都。殷商时期，蓟国即将都城设于今北京地区。之后，辽、金、元、明、清均将北京作为国都。自元代以来，北京始终作为中国的政治、文化与经济中心，人口规模庞大，各民族和文化在此交融。

　　北京中轴线的形成发展与北京老城同步，是北京老城发展历程的缩影。中轴线的建设起始于至元四年（1267 年），即元大都创建的时间。元大都中轴线北起中心台（今钟鼓楼位置），经万宁桥，最后抵达南端的丽正门，全长约为 3.75 千米。明代洪武四年（1371 年）将元大都改称北平。永乐元年（1403 年）决定升北平为都城，称北京。永乐四年（1406 年）在继承元代中轴线的基础上，由宫城开始对城市进行了营建。"规制悉如南京，而高敞壮丽过之"，先后建造了内城及外城，北京老城"凸"字形城廓自此形成。自此，南至永定门，北至钟楼，纵贯故宫，城市形态以中轴线左右对称分布。清代在明代中轴线基础上进行了局部调整和完善，尤其是乾隆时期景山五亭与寿皇殿建筑群的修建，使得整体轴线景观序列进一步丰富与加强。1914~1977 年，社稷坛对公众开放、天安门广场扩建，都揭示着北京中轴线不断向公众化转变。

　　北京中轴线是历经元、明、清及近现代逾 7 个世纪城市历史不断累积的结果。自元代至现代，历经 750 余年，形成了世界上现存最长、最完整的古代城市轴线，是中国都城中轴线规划发展成熟的典范之作。

朱祖希先生曾形象地比喻：北京城的规划就像一件中山装，自太和殿以下，第一个纽扣是午门，第二个纽扣是端门，第三个纽扣是天安门，第四个纽扣是前门，第五个纽扣是永定门，两个大口袋是天坛、先农坛，上面两个口袋是太庙、社稷坛。这条贯穿北京南北的中轴线将很多自成一组的基本平面组织串成一体，形成了一条压倒性的主轴，使得整座城市无论从空间组织上还是体量安排上都得以完全连贯起来，呈现出一种极为完整的节奏感，达到完美的艺术效果。因此，中轴线不仅是北京城的支撑，而且形成了北京城雄伟、严整、和谐之美，是北京城壮美之本。

北京中轴线建筑群体现了中国古代建筑、景观设计与建造技术的最高水准与发展成就，而轴线上串联的河道、城廓和钟鼓楼则体现了古代水利、城市防卫和报时技术的发展，具有不可忽视的科学价值。中轴线上串联起的宫殿、庙宇、城门和民居建筑等，以丰富的建筑形式、体量和材料，以及多样的设计、营造手法，充分体现出中国传统建筑的精美绝伦。在园林设计方面，体现出北方皇家园林与南方城市园林设计理念的融合。河湖水系与园林建筑的呼应与对话，则显示出卓越的城市景观营造水准。因此，北京中轴线是一部中国古代城市设计的经典，也是一座中国古代建筑营造技术的巅峰。吴良镛教授赞誉北京中轴线是"古代中国都城发展的最后结晶"。如今我们再次站在景山万春亭向南远眺，遥望紫禁城，重重殿宇、层层楼阁、道道宫墙，错综相连却井然有序，很自然地使我们能够理解和接受这些赞誉，在情感上产生共鸣。

北京中轴线的价值不仅在于其长度，也不仅在于其历史悠久，

北京中轴线，自永定门向北延伸（遗产地供图）

还在于它是最丰富多彩、最具文化多样性的一条城市轴线。这条拥有数百年历史的中轴线，既是北京城的空间之轴，更是文化之轴。

北京中轴线北收南展，与中国哲学中"坐北朝南，统治天下"的思想有关。在中华传统文化思想体系中，"以中为尊"是一大特色，历代帝王总是把自己的国家视为"天地之中"。因此中国历代都城的选址与营建都按照"择天下之中而立国，择国之中而立宫"的深刻象征意义，北京城的营建正是在"择中"规划理念基础上建立的。著名建筑学家梁思成先生说："北京独有的壮美秩序就由这条中轴的建立而产生。前后起伏、左右对称的体形或空间的分配都是以这中轴线为依据的，气魄之雄伟就在这个南北引伸、一贯到底的规模。"北京中轴线作为象征天下之中的地轴，其规划格局与景观形态则成为"天下"（国家）礼仪秩序的极致象征，成为中国传统世界观的物质表达。

北京中轴线是中国古代都城建制最为生动的体现和现存最完整的物质载体。"匠人营国，方九里，旁三门。国中九经九纬，经涂九轨，左祖右社，面朝后市，市朝一夫……经涂九轨，环涂七轨，野涂五轨。门阿之制，以为都城之制。宫隅之制，以为诸侯之城制。环涂以为诸侯经涂，野涂以为都经涂。"按照《周礼·考工记》的描述，都城建造应以朝堂位于南侧，市肆和居民区位于北侧，东侧设宗庙，西侧设社稷坛。北京中轴线宫城东南角坐落着明清两代皇家祭祖的礼仪祭祀建筑太庙，西南角坐落着明清两代皇家祭拜太社和太稷的社稷坛，均衡对称地分布于中轴线左右两侧，展现"左祖右社"的都城格局。天安门至乾清门的前朝空间序作为明清时期中国的政治中心和中轴线北端的钟鼓楼及周边形成的商业街市，则是"面朝后市"的印证。

一座城市轴线空间的形成，需要经历很长的发展时期。至今，在北京中轴线上，依然汇聚着城市中最具历史和文化价值的众多代表性文物建筑，是古都风貌的集中体现。虽然经历城市数百年的沧桑变化，北京中轴线仍然彰显出持久的活力和强大的生命力，其基本格局保持至今，成为北京历史文化名城保护的重要内容。在中轴线上发生过众多历史事件，并且这条轴线还在继续见证历史。在我看来，北京中轴线不仅是一座座单体古建筑组成的物质实体叠加，而且是一段段穿越数百年时光的城市精神脊梁。

中轴线上的"五位一体"

时间：2022 年 1 月 25 日上午
地点：景山公园、后海公园

北京中轴线是我国古代礼制文化和中华文明的象征。有学者认为，明清北京中轴线由 5 个段落构成，包括序幕、开端、发展、高潮和尾声，正如一阕宏丽的交响乐或一幕跌宕起伏的戏剧，实是中国乃至世界城市史上不可多得的杰作。无论是韵味悠长的古都北京，还是焕发活力的现代北京，尽体现于这条中轴线的传承与发展。

北京中轴线可以分为 5 段，从南向北每段约有 1500 米。第一段由永定门至天桥，是较为肃穆的郊坛区。第二段由天桥至正阳门，为中轴线上最热闹的部分，即今前门大街商业区。五牌楼与正阳门作为该段的一个小高潮，揭开进入内城的序幕。第三段由正阳门至午门，为宫廷前区。第四段是整个轴线的高潮部分——宫廷区，由午门至景山，紫禁城三大殿、后三宫、御花园等核心建筑都集中在这一区域。最后一段是中轴线的尾声部分，由景山北门到钟楼，这一带分布着商铺、民居和什刹海。

中轴线纵贯北京城四重城郭，不同区段有着不同的主题文化，内涵极为丰富而独特。

由永定门至天桥段，主题是生态。天坛和先农坛区域内有很多上百年的古树。每当夏天湿润的东南风刮过来，经过天坛和先农坛300多万平方米的绿化，空气得以净化，于是清洁湿润的空气吹进北京老城，形成良好的区域小气候。如今，站在永定门城楼上北望，笔直的永定门内大街成为"步行走廊"，两侧国槐枝繁叶茂，银杏傲然挺立。通过景观设计，提升行走的便捷程度，实现人们全程步行体验，使人们漫步其间感受古老中轴线的壮美风貌，同时踩上生态人居环境时代的节拍，让人流连忘返。

由天桥至正阳门段，主题是经济。天桥地区是面向平民、文商结合的繁荣市场及娱乐场所，是老北京平民社会的典型区域。处于中轴线上的前门大街和两侧地区在明清时代形成繁华的商业区，珠宝市、大栅栏、鲜鱼口、打磨厂、西河沿、廊房头条、廊房二条都形成了特色商业街，也是当年全市重要的商业街区，数百年来店铺林立、商业繁荣，具有浓厚的传统商业气息，反映了古都传统商业文化的繁荣景象。沿街两侧分布有大量的多种经营方式的商业店铺，这里的全聚德、同仁堂、都一处、内联升、瑞蚨祥等百年老字号，均赢得很高的商业信誉和社会影响。

由正阳门至午门段，主题是政治。天安门广场是明清两代举办重大庆典和向全国发布政令的重要场所。作为国家机器的"六部衙署"就布置在承天门中轴线上的"天街"两侧，体现中央集权的统治体制。1949年以后，中华人民共和国开国大典在这里举办，第一

前门商业街

面五星红旗在这里升起，经过几次扩建，形成了以人民英雄纪念碑
为中心，东西宽 500 米、南北长 880 米，总面积达 44 万平方米的
广阔空间，象征着国家的统一、社会的稳定和民族的和睦。与此同
时，传统中轴线与东西长安街轴线相交于天安门广场。天安门广场
作为全国政治中心的地位更加凸显。

　　由午门至景山段，主题是文化。紫禁城是世界宫廷史上的"无
比杰作"，既是世界建筑艺术的经典之作，也是中国历史文化艺术
的丰富宝藏。成立于 1925 年的故宫博物院，是在明清皇宫及其收
藏基础上建立的博物馆，已成为世界上最著名的博物馆之一，成为
中国对外文化交流和展示中华传统文化的重要窗口，也是全球著名
的文化旅游目的地，在国际社会和广大民众的心目中具有不可替代
的重要地位。如今故宫作为世界上现存规模最大、保存最完整的古
代宫殿建筑群，已被列入《世界遗产名录》。

什刹海冰场

　　由景山北门到钟楼段，主题是社会。中轴线北端是"面朝后市"的"后市"。随着元代以后京杭大运河漕运终点的改变、积水潭的逐步缩小，形成融汇民居、商业、娱乐的市井民俗区域。在中轴线两侧的南北锣鼓巷、什刹海是都市百姓居住、生活、休闲的区域，几百年来与鼓楼大街共同形成传统商业文化区域和市民休闲场所，烟袋斜街、白米斜街、大小金丝套等街区，则是北京地域文化的生动体现。此外，作为整个中轴线的终端，京城的报时中心，钟鼓楼上的晨钟暮鼓是中国"日出而作、日落而息"的传统生活方式的真实写照。

　　沿北京中轴线前行，可以从跌宕起伏的空间乐章中感受中华文明的博大胸怀。北京中轴线在 750 余年的历史长河中，历经中国社会的重大变革，持续改造和发展，始终努力适应不同时代的社会生活需求，既体现出中华传统文化中伦理和价值观对城市发展的影响，也是在城市规划领域的创造性实践。北京中轴线的独特探索，将政治、经济、社会、文化、生态融合成"五位一体"发展格局，串联起最具北京特色的金色名片，使我们在保护古都文化、延续北京中轴线历史文脉上，获得更宏大的布局和更广阔的视野。

北京中轴线申遗争议

时间：2022 年 1 月 25 日下午
地点：国家博物馆

　　2012 年，北京中轴线被列入《中国世界遗产预备名单》，申遗工作紧锣密鼓地展开。其实北京中轴线申遗存在着一些争议。一方面，北京中轴线上已有 3 处世界遗产，是否还有必要进行中轴线申遗？另一方面，中轴线上的建筑永定门是复建的，前门是被八国联军炸毁后重修的，毛主席纪念堂、人民大会堂和国家博物馆都是新建筑，故宫外面的皇城都已经拆掉了，城墙和城门也已经消失，这让北京中轴线的价值受到质疑。尤其针对重修的建筑申遗，存在很多不同的声音。

　　近年来通过对北京中轴线的详细考察可知，至清代末年，在中轴线上由南向北共有城楼、城门、宫殿、桥梁、亭、牌坊、鼓楼、钟楼等 41 处建筑。至今完整保存的有 36 处，为总数的 85.7%。在完整保存的 36 处建筑中，有 3 处为复建建筑。总体来说，北京中轴线上的古建筑保存得比较完整。例如明清两代北京城内外双环的城墙与城门，被中轴线贯穿始终。虽然大部分城墙与城门早已湮没在城市变迁的历史中，但是中轴线上紫禁城的正门——午门、皇城的正门——天安门、北京城内城的正门——正阳门却留存至今，如今北京城外城的正门——永定门经过复建，恢复历史景观风貌，弥补了这一完整系列的缺憾。

永定门始建于嘉靖三十二年（1553年），是明清北京城外城的南大门，也是北京中轴线南端的标志性建筑。1957年，以解决城市交通发展需要为由，先后将永定门的城楼、箭楼和瓮城及南部城墙全部拆除，代之而来的是跨河大桥和公交通道。2004年9月，消失了近半个世纪的永定门城楼在原址按原形制、原材料、原工艺完成复建，再次屹立在中轴线南端。在永定门城楼复建竣工后，历史地理学家侯仁之先生打来电话，要求亲自"登门"看看这座意义非凡的复建建筑。他坐着轮椅亲临现场，参观之后感叹道："永定门城楼的复建为首都增添了无限风光。"

永定门城楼的复建工程，全部依据1937年旧都文物整理委员会对永定门城楼的实测图和1957年永定门城楼拆除时留下的图纸，以及相关照片等档案资料进行施工，城楼的彩画是传统的"雅五墨旋子彩画"。永定门城楼的复建既恢复了传统中轴线南端的标志，也成为北京当代城市建设史的一个组成部分，具有新的真实性的内涵。由此可以想到，永定门箭楼和门外护城河桥是中轴线南起点，具有重要的地标价值，未来也具备恢复的可能性。

地安门雁翅楼始建于1420年，是北京中轴线上的一处著名地标，坐落于地安

永定门老照片

| 复建后的永定门

门十字路口南面的东西两侧，与什刹海仅一街之隔。历史上，雁翅楼与地安门一起构成北京皇城最北端的屏障。雁翅楼是地安门的戍卫建筑，为黄琉璃瓦覆顶，东西对称的两栋二层砖混建筑，远观好似大雁张开的一对翅膀，因此得名。20世纪50年代，雁翅楼因地安门地区的道路建设而被拆除。2013年6月，雁翅楼景观复建工程开工，2014年竣工。复建后的雁翅楼因现有条件限制，仅在原有遗址上复建了东侧4间及西侧10间建筑，但是古韵犹存。2015年7月，雁翅楼挂起"中国书店"牌匾，迎接来自全国各地的读书人。

对于历史建筑遗产复建是否合理的讨论，事实上关系到了文化遗产为什么需要保护的根本问题。建筑遗产保护是为了历史物证的可持续存在，也是为了传统文化的世代传承。建筑遗产不仅是冰冷的历史证物，还应该是人们情感的寄托，精神的家园。起源于西方保护思想与实践的国际文化遗产保护领域，逐渐形成以最小干预原则为基础的现代科学保护理念，应该得到尊重。同时也应该尊重具有悠久传统的中国历史建筑保护理念和实践，特别是中国传统木结构建筑的维修保护体系，建立起具有中国特色的文化遗产保护之路。

随着文化遗产保护理念的进步，人们对保护文物建筑真实性提出了更高要求，同时也倡导注重保存文化史迹的历史风貌，包括对已遭毁坏而有保存价值、又有复原依据的历史建筑予以复建。例如联合国教科文组织用日本政府的赞助资金，按照中国建筑师的复原研究成果，复原整修保护西安唐大明宫含元殿遗址。最终将高大夯土遗址包含在砖石材料之内，复原当年巍峨壮观、层叠高起的基座，使我们如今可以登上含元殿遗址，感受到气势恢宏的盛唐景象，并激发和鼓舞起建设大明宫国家遗址公园的信心。

实际上，北京中轴线上的天安门城楼也早已不是古代建筑，它先是毁于英法联军和八国联军，后经重新修复。20世纪70年代在"文化大革命"期间又被全部拆除，而代之以进口木材重新建筑，并且未能完全忠实于原状，整体高度增加了半米以上。但是天安门依旧以其特定的历史风貌，始终发挥着不可替代的现实作用。这样的复建并不是孤例，只因天安门的地位特殊，例如清华大学也复原重建了在"文化大革命"期间被拆毁的题有"清华园"的"二校门"。位于阜成门内大街的妙应寺山门，也在"文化大革命"期间被拆毁，在其上面建设了副食商场。20世纪90年代北京市政府提出了"打开山门，亮出白塔"的口号进行环境整治，同时按照原位置、原形制、原材料、原工艺复建了山门。

历史建筑并非凝固的遗产标本，不仅是人们认识过去岁月的物质史料，也应该成为人们理解未来的知识载体。对于曾经消失的建筑遗产经过复建后，进行展示与诠释，可以向社会公众传播建筑遗产的价值，可以使人们与曾经消失的文化传统重新建立联系。因此，我认为基于对建筑遗产文化价值的深入思考，基于严谨的科学研究

论证，将被人为或自然力量无情毁坏，而具有独特文化地标意义和精神象征意义的历史建筑进行复建，再现其独特风貌和文化价值，同时使它们具有永恒意义，理应被看作是一种延续文化记忆的文化遗产保护方式。

几十年来，我访问过一些国家的历史性城市，看到过一些著名的城市轴线景观。世界上很多国家的城市轴线上分布着王宫、教堂和纪念性建筑群，虽然也努力展示城市精神和文化追求，但是往往只是影响城市中的特定具体区域，而难以构成统率城市全局的"脊梁与灵魂"作用。比如古埃及神庙、法国香榭丽舍大街、埃菲尔铁塔区域都有很多中轴线，这些轴线都是文艺复兴之后，基于美学设计的，主要作为城市历史景观，美化城市。而北京中轴线是由一系列建筑群、历史地标、历史道路及其遗址共同构成的富于层次和秩序性的城市空间综合体，以纵贯全城的布局形式，几百年来始终在城市发展中发挥着核心统领和辐射作用。

在第一站洛阳，我们也讲述过汉魏洛阳城沿中轴线分布的城市格局。魏晋至隋唐时期，中国出现了以宫城大殿为基点，以中央大街为标志，两侧存有严格对称里坊格局的中轴线。与北京中轴线相比，这些中轴线的规划设计都受到《周礼·考工记》所记载的"匠人营国"之制的影响，呈南北走向，道路、城廓、建筑左右对称分布于中轴线两侧。但是随着演进历程，北京中轴线规模更宏大，建筑景观更加严谨而富于秩序性，构成要素功能更加丰富而多元，对城市整体格局的控制力更强，同时建筑群形态保存更加完整。

北京中轴线也体现出中国人"天人合一""以中为尊"的哲学观和礼仪秩序观，整个城市建筑按照秩序依次展开，如同一幅美丽的画卷。这都表明，北京中轴线是中国文化的独特载体。"人无我有，人有我优，人优我特"，这就是北京中轴线的独特魅力。因此，我始终认为北京中轴线是世界上最壮美的城市轴线，具有突出的世界性价值，是独一无二的人类创造性文化结晶，应该成为世界文化遗产大家庭中当之无愧的重要成员。

得其所哉话腾退

时间：2022 年 1 月 26 日上午
地点：银锭桥、万宁桥、通惠河玉河遗址

在历史上，北京城最具特色之处，可以说是那一圈"凸"字形的城市轮廓和一条清晰的中轴线。它们是北京区别于其他城市的特殊历史标记，在世界城市建设史上具有重要地位。遗憾的是，北京中轴线在城市建设中受到了一些伤害，北京城"凸"字形的城市轮廓几乎消失殆尽。例如为了治理交通拥堵，中轴线上的一些重要建筑遭到破坏，特别是一些节点景观被拆除。1951年永定门瓮城被拆除，1954年地安门被拆除，1957年永定门箭楼被拆除，随后拆除了永定门城楼，留下了永久的遗憾。同时，在中轴线东西两侧出现了一些与中轴线景观不协调的公共建筑以及住宅，致使塑造古都壮美秩序的中轴线的意义与功能被淡化，使中轴线一度在概念上变得模糊，甚至在一段时期壮美的中轴线逐渐被人们所遗忘。由此，更凸显出北京中轴线的保护格外重要。

加强北京中轴线整体保护，任重道远。例如天坛、地坛、日坛、月坛分别位于古都北京内城之外的南、北、东、西四个方位上，是我国保存下来最完整的祭祀建筑组群，也是强化北京中轴线的重要内容。

天坛始建于明永乐十八年(1420年)，是迄今保存完好的最大规模的祭天建筑群，也是唯一完整保存下来的皇家祭坛。从紫禁城沿中轴线到天坛，为国家祭天礼仪祭祀空间。明清帝王每年到天坛举行祭天、祈谷和祈雨活动，为社稷百姓祈祷风调雨顺、五谷丰收。天坛由内外两道坛墙围合而成，从空中看呈现一个"回"字形。因为最初是天地合祀，北部祭天，南部祭地，因此建筑平面形态，北部呈半弧状，南部是长方形，即南面坛墙转角是直角，北面坛墙转角为圆弧形。北圆南方，是天坛象征性布局的突出表现，体现古人"天圆地方"的宇宙观。

进入民国时期以后，天坛不再有祭天功能。加上历史原因，天坛内外坛长期被一些工厂、学校和成片居民住宅占用，市内各处挖防空洞的渣土在天坛内堆起高大的土山，内外坛之间先后营建了较

天坛祈年殿（新华社供图）

大规模的天坛医院和口腔医院，占据了历史上天坛"圜丘门"的出行通道。与此同时，在南外坛的大片区域内逐步形成有百余座多层建筑的楼房小区。天坛历史上的坛域面积为2.73平方千米，但是最多时被占用面积曾超1平方千米。这使天坛坛域格局由"回"字形变为倒"凸"字形，神乐署外院、牺牲所、御路等重要历史建筑损毁严重，大部分外坛墙因被"蚕食"而消失，最少时仅存80米，且破败不堪，"天圆地方"历史格局和文化寓意被人为切断，被占压的坛域遗迹安全受到威胁，天坛物理空间和文化意义上的完整性受到破坏。通过对天坛被不合理占用情况进行调查，结果显示，共有85家单位、15个居民社区，居民数量超过3万人。

位于天坛公园西南角的北京园林机械厂，其前身是1951年成立的北京园林机械修配厂，1967年北京园林机械厂成立，在当时是全国仅有的4家园林机械厂之一，主要生产和维修各种园林设施。

2007 年北京园林机械厂被撤销后归入天坛公园，其建筑一直保留，并作为办公用房使用。2019 年 6 月，北京园林机械厂区域实施整体搬迁腾退，经过环境整治后，终于恢复其历史原有风貌，按照规划沿坛墙设置步行道，形成环形游览空间，开始正式接待游客。由此天坛再添新景区，这一区域近 70 年来首次向游人开放。

北京园林机械厂区域腾退并恢复原有风貌，使天坛广利门、内坛墙、祭祀舆路等历史遗迹和所承载的文物信息得以直观呈现。天坛公园本着对游人最大化开放原则，搬迁腾退后的区域，作为游览空间向游客开放，新开放面积 3.2 万平方米。

天坛坛域历史文化价值得到整体恢复提升，有助于人们对祭天礼仪有感性的认识，对天坛礼乐文化有生动体验，同时为进一步保护历史文化遗产、实现天坛真实性和完整性具有十分积极的作用。参观者脚下就是明清两代君王祭祀舆路，使人们脑海里不禁浮现出当年皇帝祭天仪仗经过时的浩荡庄严场景，为游客提供游览新空间和新体验。

在天坛世界文化遗产区域进行艰苦卓绝的环境整治的同时，先农坛区域的环境整治也逐步展开。先农坛始建于明永乐十八年(1420 年)，原称山川坛，祭祀先农、社、稷、风、雨、雷、太岁与名山大川。因此先农坛也采取与天坛类似的建筑平面形态。明清皇帝每年到先农坛祭祀诸神，祈祷神灵保佑、国泰民安，并亲耕"一亩三分地"，以示重视农事、与民同耕、祈祷丰年，体现了封建社会"重农事""以民生为本"的传统发展理念。

亲耕耤田是先农坛最重要的文化空间和文化景观，但是长期以来成为育才学校的操场。为此社会各界强烈呼吁恢复这一仅有的历史景观。这"一亩三分地"终于在 2018 年重新收归先农坛所有。

2019年秋天，先农坛"一亩三分地"百年来首次再现农业秋收景象，金灿灿的谷穗压弯了腰，随风唱着丰收的歌谣。人们能在二环路里体验耕种，感觉很奇妙。

遗产应该主动走近民众生活，使历史与现代发生联系。因此，北京中轴线应采取有力措施整治现状环境，搬迁长期占用文物的单位和住户，拆除文物保护范围内的各类违法建筑，按照历史原貌修复被破坏的坛墙，维修坛内现存的各类文物建筑，扩大对社会公众的开放范围，使中轴线在城市文化和市民生活中发挥更大的作用。

发展之轴，未来之轴

时间：2022 年 1 月 26 日下午
地点：北京东城文化发展研究院

每个城市都有自身特色，中轴线就是北京重要的特色，需要在城市规划设计中挖掘、保护和发扬。紫禁城和天安门广场都在北京中轴线上，一个完整保留下来，一个有新的发展，说明北京中轴线是具有生命力的"活态文化遗产"。长期以来，在北京老城的四周开辟了二环路、三环路、四环路、五环路等"圈层"道路系统，把北京老城置于平面布局的中心，历史悠久的文化古都如何突破"圈层"，如何使文化遗产资源惠及全城，一个重要的战略措施就是保护和发展北京中轴线。

北京中轴线随着城市建设的展开，也在有机成长过程中。1983年，北京获得第 11 届亚洲运动会举办权，这是我国第一次承办大型洲际运动会。北京市决定将亚运村以及众多比赛场馆选址在城市北部。同时为缓解从老城到亚运村的交通拥堵，从北二环中路的钟鼓楼桥，到北四环中路开辟了一条新的城市干道，长度约5千米，这是明清北京中轴线第一次长距离向北部延伸。与此同时北中轴线的概念进入公众视野。

1993年10月，国务院批准了《北京城市总体规划（1991年—2010年）》，提出要保护和发展城市中轴线，"把中轴线向南、北两个方向延伸，在其两侧和终端安排公共建筑群，采取不同的城市设计处理手法，分别体现出'门户'形象和21世纪首都的新风貌"，对中轴线的保护和发展有了明确的规划理念。北京中轴线及其南北延长线，应该成为中国传统建筑和当代建筑艺术的集中体现。

按照北京城市总体规划，传统中轴线不断向北延伸，规划在其北端形成城市空间的高潮。虽然在1993年北京申办2000年奥林匹克运动会时，中心区就考虑设在北郊，但是当时奥运场馆规划的用地范围、项目安排，特别是与中轴线的关系等方面，与此后规划实施情况有很大不同。21世纪初，北京以再次申办2008年奥林匹克运动会为契机，规划建设奥林匹克公园。奥林匹克公园占地12.15平方千米，由3个部分组成：7.6平方千米的森林绿地、0.5平方千米的中华民族博物馆和4.05平方千米的中心区。

当时初步设想在奥林匹克公园中心区广场的北部、中轴线的尽端，建设一组500米高、建筑面积约60万平方米、多功能的智能型世贸大厦，作为北京中轴线的收尾。如今回想起来，这座大厦方案未能得以实施，而是以7.5平方千米的奥林匹克公园作为北京中轴线的北端收尾，实属明智之举。这是一个备受瞩目的规划设计，题目为《人类文明成就的轴线》，自北向南分为森林公园、中心区和四环路以南区域三大部分。奥林匹克公园集森林、湿地于一体，空间开阔，对北京城北部区域的城市肌理带来了深远影响，不但满足社会公众的现实需要，而且为未来发展留有余地。

2001 年以后，北京奥运会工程全面铺开，以此为契机，中轴线的概念被越来越多的人熟知。奥林匹克公园是奥运会的中心活动区域，至此，中轴线进一步从北四环向北延伸至北五环，中轴线北端城市景观的格局基本确立。2008 年 8 月 8 日第 29 届夏季奥林匹克运动会在北京开幕，29 个巨大的"烟花脚印"，以永定门为起点，沿明清北京中轴线一路向北，迈向奥运会主体育场。这种仪式感十足的设计，赋予了北京中轴线时代寓意，完成了古代历史与现代时空的有机衔接，将当下的北京置于人类文明的历史长河之中。

2003 年 12 月，北京市规划委员会编制完成《北京中轴线城市设计方案》，首次明确将中轴线向南延伸到南苑。在筹办 2008 年奥运会的过程中，南中轴路得以修建。2009 年 11 月，北京市在《促进城市南部地区加快发展行动计划》中明确指出构建"一轴一带多园区"的发展格局，确立了南中轴在北京南部地区发展的引领与带动作用。为积极推进南中轴的发展，2011 年在原南苑园址南部建设南海子公园，复建团河行宫，修缮德寿寺，逐步梳理文化脉络，使南中轴的综合历史价值开始复兴，在北京中轴线上的节点地位逐渐显现并强化。

2017 年 9 月公布的《北京城市总体规划（2016 年—2035 年）》提出，构建"一核一主一副、两轴多点一区"的城市空间结构，纵贯南北的北京中轴线，被纳入新一轮的城市空间布局调整与功能优化过程中。南中轴不仅承载着北京城市南部的未来发展目标，而且担负着缓解北京"城市病"、带动南北均衡发展的重任。随着首都大兴机场的投入使用，建成承载北京新国门的高端功能区，进而带动周边地区的发展升级，成为非常具有潜力的新时代中轴线。北京南部地区紧邻首都核心区，居于城市副中心和雄安新区之间，是"一核两翼"的腹地，具有得天独厚的区位优势，将使南中轴大气磅礴地铺陈开来，呈现出新的气象。

　　"一线牵一城，线上汇集了北京城建筑的精髓。一城聚一线，北京城的变迁在线上留痕，线也随之不断生长。有人说，这是一条历史轴，娓娓讲述北京往事，也有人说，这是一条发展轴，人们从这条线上读北京、看中国"。中轴线是城市发展轴，中轴线从 7.8 千米到 88.8 千米，体现出"一脉传城"的气魄。在新北京的城市空间结构中，北京中轴线仍将是世界上唯一的、无与伦比的、独一无二的"中国气质"中轴线，是"集中展现着中华文明的过去、现在和未来精粹的文化遗产轴线"。历经数百年时光，这条中轴线保持着蓬勃的生命力，且在不断被赋予新的内涵与使命。

　　中轴线是丰富多彩的也是动态的，天安门广场四周环绕的是社会主义时期最重要的建筑，反映出中轴线的发展变化。如今北京中轴线已经向南延伸到大兴国际机场，向北延伸到奥林匹克森林公园，全长 88.8 千米，包括鸟巢、水立方、冰丝带等一系列重要的奥运建筑都坐落在中轴线上，大气磅礴，充满活力与魅力。中轴线是一条物理轴，也是一条精神轴、文化轴，还是新时代首都的发展轴。未来，我们要用脚步丈量，也要用发展的眼光、文化的眼光、传承的眼光去打量。

第十二站
故　宫

遗产地档案

遗产名称	故宫
遗产位置	北京市
列入世遗时间	1987 年
遗产种类	文化遗产
遗产地边界范围	遗产申报区范围：72 公顷

成长中的少年

时间：2022 年 1 月 27 日上午
地点：乾清门

对于观众，这里是享誉世界的名胜古迹；对于历史迷，这里是无数大事的发生地；对于古建筑研究者，这里是东方皇家建筑巅峰；考古爱好者、摄影爱好者、书法爱好者……都能在这里找到自己的情愫所寄。

一条中轴线纵贯，金色琉璃瓦顶下、朱红高墙内，圈住的是有形的宫阙亭台，播散的是无形的历史文脉。这里，就是有着 600 多年历史的北京紫禁城，也就是今天的故宫博物院。永乐十八年（1420 年），北京紫禁城建成。龙椅上的第一位"天子"是明成祖朱棣，最后一位是清逊帝溥仪。中国明清两代共有 24 位皇帝在这里居住，统治着整个中国。

故宫博物院具有极为特殊的文化身份。这里是世界上规模最大的木结构古代宫殿建筑群，是北京这座文化古都的重要组成部分，也是中国第一批进入《世界遗产名录》的项目。这里有着世界上中国文物藏品最为丰富的博物馆，还是世界著名的文化旅游目的地，是当今世界上观众数量最多的博物馆。

为何故宫博物院能够集如此多的文化身份于一身？最重要的原因，是它拥有无与伦比的文化资源。上一站我们讲述了从永定门到钟楼的城市中轴线，而在这条 7.8 千米的传统中轴线上，最重要也最核心的一组建筑群，就是拥有 9000 余间房屋、17 万平方米建筑

面积的故宫古建筑群。

故宫博物院占据着北京历史城区 1.06 平方千米的中心地区，是世界上最丰富的中国古代艺术宝库，是一部浓缩的 5000 年中华文明史。中华民族绵延不断的历史文化，在故宫博物院的文物藏品中可以得到实物证明。就时代来讲，上至新石器时代，下至宋元明清直至近现代。就地域来讲，藏品来自古代中国各个地域，包括汉族和古代许多少数民族的文明见证与艺术精华。除此之外，还有大量来自外国的文物，例如院藏钟表仪器类文物藏品中有很多西洋钟表，共有 2200 余件。这些来自欧洲各地的钟表仪器在当时是稀罕的物品，紫禁城却有大量珍藏，证明当年这里与世界各国有着广泛的友好交流。

除了 17 万平方米的古代宫殿建筑群和 186 万余件 / 套馆藏文物，故宫博物院最核心的第三大文化资源就是每年 1500 万以上的观众了。每天到访的数以万计的可爱的观众，既是故宫博物院的文化资源，也是现时最大的压力。2012 年，故宫观众人数较以往增长了一倍，达到 1400 多万，成为世界上唯一一座观众人数超过 1000 万的博物馆。除此之外，故宫博物院每年还要接待众多国家元首和政府首脑，以及来自世界各地和国内不同民族、宗教、文化、教育背景的人士。

故宫博物院所拥有的三大文化资源，即世界上最大规模的木结构宫殿古建筑群、世界上收藏数量最多的中国文物藏品、世界上数量最多且结构最复杂的观众群体，都是独一无二的。这些都说明，故宫博物院应该是一座独具特色的博物馆，一座应该对社会民众和社会发展做出更大贡献的博物馆，一座应该对促进世界文化多样性承担更重要责任的博物馆。这些文化身份集于一身，就要求故宫博物院通过不懈努力，成为既值得骄傲又令人尊敬的文化典范。

1420 年，明成祖肇建的紫禁城气势恢宏地落成。2020 年，紫禁城迎来了 600 岁生日。那一天我们格外地兴奋，因为我们这一代用勤劳的双手、社会共同的支持，实现了"把壮美的紫禁城完整地交给下一个 600 年"的目标。

对于故宫博物院来说，国务院批准的两项重大文化工程都在 2020 年完成。第一项是"故宫整体修缮"工程。这项工程从 2002 年开始实施，计划用 18 年的时间，每年国家财政投入 1 亿元专项资金，至 2020 年基本完成故宫古建筑群的整体修缮。第二项是"平安故宫"工程，历时 8 年时间，也是 2020 年完成。这两项史无前例的重要文化遗产保护工程，完成的节点都是 2020 年，而这一年恰恰就是紫禁城建成 600 周年，因此极具象征意义。我们希望通过这两项重要文化工程的顺利实施，实现"把壮美的紫禁城完整地交给下一个 600 年"的理想。

如今，602 岁的故宫作为世界遗产仍是"少年"，这座历经岁月的古代宫殿建筑群，这座独具特色的博物馆依旧保持着成长。

故宫文物医院

时间：2022 年 1 月 27 日下午
地点：文保科技部

2016 年热播的一部纪录片使得故宫文物修复走入大众视野，那就是《我在故宫修文物》。原本不为人所知的故宫文物修复，通过这部纪录片变得炙手可热，算是近年来博物馆第一次大规模"吸粉"。尽管纪录片只有 3 集，却迅速火爆网络，在视频网站上爆红，点击量超过百万，并引来全国众多媒体持续的宣传报道。豆瓣评分 9.4，哔哩哔哩点击量近 200 万，收获 6 万多条弹幕。

纪录片播出之后，我们也在想：如何应对社会公众对于文物保护前所未有的热情关注？如何在文物保护修复过程中最大限度地保留历史信息？如何使现代科学技术与传统修复技艺在文物保护修复过程中有机结合？事实上，每一件静静地被陈放在文物库房、陈列于文物展厅的文物藏品和展品，都拥有各自的生命历程。它们的本体积淀有大量珍贵的历史信息，也经历过一些鲜为人知的历史事件。因此，需要在文物保护修复过程中更多地保留这些历史信息，深入揭示这些历史事件。要实现这一目标，文物修复不能仅仅是部门的、行业的、专业的工作，而应该是跨部门、跨行业、跨专业的综合性工作；文物修复不应是一个封闭的领域，而应是多学科融合。

| 故宫文物医院钟表修复室

2016 年 12 月，故宫文物医院成立，建筑长度达 361 米，建筑面积 1.3 万平方米，地上和地下各一层。在采用传统工艺保养修复文物的同时，故宫文物医院也与现代科技相结合。正如故宫文物医院的倡导者、院长宋纪蓉博士所说："如果说传统的文物修复技艺是'中医'，现代的科学技术则是'西医'，要建立拥有现代科学理念的文物修复医院，必须中西医结合，标本兼治。"

为什么起名叫"故宫文物医院"呢？这体现了把文物视为生命体的理念。例如一件青铜器进入"文物医院"，首先应对其生命历程进行梳理，包括制作年代、出土地点以及制造工艺特点等；其次对其进行全面的检测分析，包括成分及不同时代在其本体上的信息叠加；再次对其健康状况进行评估，对其病害进行详细的研究，厘清其病害机理及产生原因；最后在全面详细检测的基础上，进行深入研究和准确判断，通过专家会诊，制定科学的修复方案，根据修复保护方案有序开展修复工作。整个过程环环相扣、按部就班，宛如人们去医院就诊。

2015 年，故宫启动了对养心殿百年来的首次大修，其中包括对养心殿佛堂木塔的修复。这件佛塔体量巨大，高 4 米，为 7 层八角紫檀包裹，但存放空间狭窄，仅约 20 平方米。

木器修复组的谢杨帆老师介绍，在修复之前文保人员先进行了初步勘察、探伤。经诊断，木塔可谓"重病缠身"，表面存有大量灰尘，可达 2~5 厘米左右，塔身缺蜡严重，配件大量脱落，塔身第 7 层还存在虫卵。根据探伤结果，修复人员得出修复方案：先进行逐层熏蒸，消除虫害；再具体通过除尘、脱落部件回粘、加固等手段，自下而上地修复木构件，再整体烫蜡；所有木构件修复完成后，修复其他材质的配件。

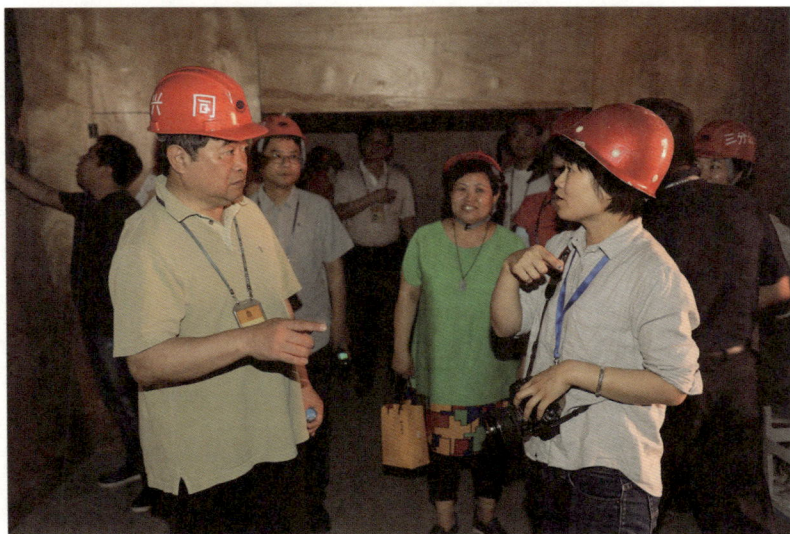

| 故宫养心殿古建筑维修保护现场

工作人员先将木塔进行拆分、搬运出佛堂，过程中进行严格的方位、脱落位置等信息标注，并用 3D 数字采集技术对整个塔身进行数据扫描，为之后的修复、拼装工作提供科学的三维数据依据。

　　佛堂木塔的修复完全秉持"修旧如旧"的原则，所有流程都依据"古法"进行。修复时紫檀材料必须是小叶紫檀，而不是新红木范畴内的别种紫檀；同时对紫檀木油性大小、木质紧密度、木材纹理等的判定都是沿袭了传统工匠取舍和审美的标准。古代的木作器物的造型风格是手、脑、材料、工具高度结合后的产物，因此木塔在修复时，工具的配备、木料的加工方式以及前期的画样等都以手工业时代的特征为标准。

　　乾隆皇帝对宫中造办处的相关事宜都会过目，因此乾隆时期造物整体把握精美。例如佛堂木塔塔基角牙上卷草纹雕花整体行云流水，卷叶纹在空间中翻转的层次丰富而有变化。这对补配工作提出了极高的工艺技术要求，特别是木器中的磨工极致到位，几乎看不到雕琢的痕迹。实际修复时，工作人员先用刮子顺着木纤维的纹理刮一遍，去除表面的雕刻痕迹，让形态流畅；接着用粗砂纸、细砂纸依次打磨表面，一些复杂形态或死角则用锉草打磨，最终使木塔表面如肌肤般平滑细腻。

　　养心殿佛堂木塔的修复一定程度上复现了当年雕刻和木作工艺的大部分程序，很好地还原了其历史价值和美学价值。如今佛塔的修复工作还在继续，随着修复工作的一步步深入，其丰富的文化内涵将更多地展示在民众面前。因为修复工作，600 年的紫禁城才可以驻颜有术，青春不老。下一个 600 年，再一个 600 年，我们的故宫会永远古老而又生机勃勃。

人民的故宫

时间：2022 年 1 月 28 日上午
地点：建福宫

建福宫花园是紫禁城的四大花园之一，自乾隆七年（1742 年）开始建造，至乾隆二十八年（1763 年）建成，历经 21 年。1923 年，保存数量众多珍贵文物的建福宫花园被大火焚毁。这一事件曾经震惊社会各界，人们深感痛惜。1999 年，故宫博物院启动了建福宫花园复建工程，复建工程得益于香港企业家陈启宗先生为主席的香港中国文物保护基金会的资金支持。

景仁宫中设立有景仁榜，上面记录了从 1939 年至今无偿向故宫捐赠文物的人的名字，以表达感激之情。"民国四公子"之一的张伯驹、故宫博物院第二任院长马衡等，都是捐献大家。他们所捐文物不仅数量庞大，而且极其珍贵。除了收藏大家，人民群众也无私地向故宫博物院进行捐献。我在《万里走单骑：老单日记》中讲述了几位农民向故宫捐赠文物的事情。正是由于这些普通人的奉献，共同成就了今天的故宫博物院。

如何处理遗产保护、合理利用与城市建设、民众生活间的关系，始终是文化遗产保护面临的一大难题。保护得好、利用得好、传承得好，文化遗产保护就会形成良性循环。

2002 年之前，紫禁城的开放面积大约只占 30%，最近这几年，为扩大开放区域，故宫博物院做了相当多的努力。我们将部分单位清出故宫，将我们自己原有的一些办公室搬离古建筑，并将部分地

寿康宫原状陈列

面库房内的文物进行了转移。从郑欣淼院长当年到任之初，我们就启动了故宫古建筑整体维修保护工程，这都是实现区域扩大开放的前提。终于，在大家的共同奋斗下，故宫的开放面积在这几年有了明显的提升。

从 2014 年开始，故宫博物院推开了一座座常年封闭的大门，越来越多的区域面向观众开放，包括慈宁宫、寿康宫、午门雁翅楼、故宫城墙、南大库、延禧宫等。

慈宁宫西侧的寿康宫同期开放，开放的第一天就迎来了很多年轻人，他们说这是"甄嬛"住的地方。实际上在寿康宫里居住时间最长的是乾隆皇帝的母亲崇庆皇太后，她在这里居住了 42 年。故宫博物院宫廷历史专家经过详细研究，将崇庆皇太后居住时使用的家具、用具、陈设都恢复了原状。乾隆皇帝是一位孝子，如果在宫里的话，每天早晨都会给母亲请安，来的就是寿康宫的东暖阁。乾隆皇帝当年看到的室内情景，应该说与今天观众们看到的室内情景是一模一样的。

我们还开放了故宫城墙。观众走在城墙上会获得不同的感受，可以观赏沿途紫禁城内的景观、紫禁城外面的风光。沿着城墙走还会有惊喜，可以走进过去只能远远眺望、远远拍照的角楼。在角楼里面制作播放一段 25 分钟的虚拟现实影片，告诉观众如何把上万块木头通过榫卯结构，组合成三重檐七十二条脊的美丽角楼建筑。

故宫博物院的开放区域还在继续扩大，例如近年来进入人们视野的延禧宫区域。延禧宫在历史上屡遭雷火烧毁，是紫禁城内重建次数最多的宫院。康熙年间重建后，曾于嘉庆七年（1802 年），道光十二年（1832 年）、二十五年（1845 年）和咸丰五年（1855 年）发生火灾，其中道光二十五年火灾最严重，烧毁正殿、后殿及东西配殿等建筑共 25 间，仅余宫门。同治十一年（1872 年）曾提议复建，但未能实现。宣统元年（1909 年），隆裕太后决定在此建造一座观鱼的西洋建筑"水晶宫"以避火灾，建筑主体使用金属结构，墙体和地板大量使用玻璃材料建造，建筑四周凿水池蓄水。但是开工不久，溥仪就被迫退位，建造工程就此停止，成为北京地区最早的"烂尾楼"，也留下了一处故宫里面难得一见的中西合璧文化景观。利用这一景观环境，故宫博物院计划建设一座外国文物馆。外国文物馆建成以后，观众们可以一饱眼福。

这些年，故宫里的"游人止步"区域越来越少了。我们眼看着故宫的那张地图上未开放区域越来越小，一扇扇紧闭的大门次第打开，一个个幽静的院落跃入眼帘。2014 年，故宫的开放区域增加到

52%，2015 年为 65%，2016 年扩大至 76%，到 2020 年，开放面积超过 80%。

民众是文化遗产的创造者、使用者和守护者，是文化遗产的真正主人，广大民众的积极参与和支持，是文化遗产事业赖以存在和发展的决定性力量，也是文化遗产事业的未来和希望。今天，珍惜和保护文化遗产的意识与能力，已成为国际社会对国民素养的评价标准之一。因此，必须使民众在生活、生产中不断加强对文化遗产价值和意义的了解，增强自觉保护意识，进而影响和带动更多的民众来关注、参与文化遗产的保护，使文化遗产保护的成果惠及广大民众。

让收藏在禁宫里的文物"活起来"

时间：2022 年 1 月 28 日上午
地点：文化资产数字化应用研究院

一直以来，故宫博物院研发的系列文化创意产品都受到观众及媒体的广泛关注和普遍好评，"萌萌哒""脑洞大开""霸气十足"等都成了时下对故宫文化创意产品最为流行的评语。故宫博物院也在不断努力，加大文化创意产品的研发力度，提升文化创意产品的研发水平。希望以文化创意产品的载体实现"把故宫文化带回家"，让传统文化与观众的需求完美"对接"。

2014 年 8 月 1 日，故宫淘宝公众号发布了一篇《雍正：感觉自己萌萌哒》，其中雍正右手比剪刀手、左眼 wink 的形象引发无数转发和点赞。这发生在我来故宫工作的第二年，此后我们研发了大

"铜五牛"摆件

量故宫文创产品。例如根据故宫绘画藏品《五牛图》制作的立体化的"铜五牛"摆件，还有朝珠耳机、正大光明充电器、钥匙扣、趣味办公用品、行李牌、书签等创意独特的时尚生活用品。

故宫猫受到了民众的喜爱，其实故宫不但有猫，还有狗。每天晚上拉网式检查之后，狗就开始工作了。清代皇室很喜欢狗，乾隆皇帝甚至让宫廷画家把他喜欢的 10 只狗画成了《十骏犬》。当时清宫不仅禁吃狗肉，还为狗设计了专门的服装，我们在此基础上专门研发了狗服。

《乾隆皇帝大阅图》描绘了清高宗弘历擐甲胄、乘马、佩弓矢的图像，5 米多高。当时，故宫文创部发现《乾隆皇帝大阅图》上的皇帝画得一般般，马儿却很有神韵。于是，我们把乾隆舍弃，选取了马儿作为文创产品原型，制作了神骏水果叉。做好后，马儿的头、尾巴、蹄子是铜的，金闪闪的。马儿的身体是瓷的，白白的，很雅致。几支精致又高端的水果叉插在马背上，受到了外国人的一

神骏水果叉

致好评。从此，神骏水果叉成了各单位赠送外宾的首选。

　　对于故宫文创也存在不同的声音，比如有人认为把水果叉由背上插到马肚子里，不尊重动物。于是我们推出了第二款神骏水果叉，装了一个马鞍，马鞍旁斜挂着箭壶，用来放叉子。这下，再也没人说什么了。这款水果叉的销量也更好了。

　　目前，故宫博物院共计研发文化创意产品 1 万余种，尽量满足观众对故宫文化创意产品的不同需求。除了实体产品之外，文化创意产品的另一种形式就是新媒体和数字化建设。故宫博物院通过互联网、移动互联网等多种渠道，研发数字化产品，将"故宫藏美"以更加便捷和更加亲民的方式推向大众，方便观众欣赏故宫建筑及文物藏品。

　　故宫藏有织绣类藏品 18 万余件 / 套，其中包括大量清代皇帝

数字多宝阁

在典礼、祭祀、巡幸出行等不同场合穿着的冠服、佩饰及半成品袍料、缎匹，为研究清代皇帝服饰的材质、制作工艺、纹饰内涵、服饰结构等，提供了极为丰富的资料。因此，2015年我们推出"清代皇帝服饰"APP应用，希望从服饰这个角度，带领大家领略皇家生活和皇家典章制度的点点滴滴。使用这款APP，用户可以学习包括服饰的传统手绘图样、高清细节图片及工艺流程图等知识，特别是运用三维数字技术使服饰里外的穿戴方式自由解构，连打结的方法都可以通过手绘来表现。

多年来，故宫博物院一直在思考，如何让故宫文化与今天的人们生活顺畅对话。故宫收藏的文物多达1863404件/套，但由于故宫是古代宫殿建筑群，展览空间、展览方式都受局限，目前故宫内展出的文物约3万件，仅占故宫现有文物藏品的2%，无法展

坐落在维多利亚港畔的香港故宫文化博物馆，外形类似古代器皿方鼎（新华社供图）

示故宫珍贵文物的整体面貌。一方面我们希望能够加快故宫博物院北院区的建设，能使更多的文物展出来，但是即使这样，也只有3%~5%的文物能够展出。

香港是中西文化交流融汇之地，我们希望向更多香港民众展示中华传统文化，向更多国际友人宣传博大精深的中华文化。自2012年以来，故宫博物院几乎每年都有不同主题的文物展览在香港的各博物馆展出，从宫廷文化到皇家生活，从书法绘画到家具器物，从清宫服饰到外国文物，香港市民得以从不同角度了解中国历史和中华传统文化，展览均获得强烈反响。例如2016年11月的"宫囍——清帝大婚庆典展"、2017年6月的"八代帝居——故宫养心殿文物展"和2019年1月的"穿越紫禁城——建筑营造展"。

但是如果较长时间、较大规模地展示故宫博物院的文物藏品，无论在展示空间和展示期限上都有局限。为此，在香港建设一座展示故宫文化的博物馆，具有重要意义。香港故宫文化博物馆是庆祝香港回归祖国 25 周年的重要项目，也是故宫博物院在内地以外的首个合作项目，每年将有近千件 / 套的文物在这里与香港市民见面。未来，我们希望香港故宫文化博物馆的观众群从香港本地 700 多万人口，扩大至粤港澳大湾区 7000 万人口，进而走进世界各国民众的文化生活。

总之，让文物藏品"动起来""活起来"，是传播文化的另一种独特方式，建立在文物藏品原形态、原神态的基础上，赋予文物藏品新的生命，使更丰富的故宫瑰宝文化成系列地展示给公众。故宫博物院还将不断探索新的思路，以更加多样、新鲜的方式，让丰厚的文化资源得到良好的利用，在保证专业水准和文化内涵的同时，赋予文物藏品和古建筑以新鲜的生命活力。不仅"萌萌哒"，而且典雅丰富；不仅"脑洞大开"，而且心胸开阔；不仅霸气十足，而且接地气。实现让收藏在禁宫里的文物"活起来"，感染更多观众的心灵。

从"故宫"走向"故宫博物院"

时间：2022 年 1 月 28 日下午
地点：冰窖餐厅

有人把故宫当成旅游景点，也有人将故宫看作世界文化遗产地。都不尽然。这里还是一座博物馆！从最开始的清室善后委员会，到 1925 年初创故宫博物院，从战火纷飞中的宝物南迁和战后回迁，到新时期全面建设博物馆，不到百年的光阴中，"故宫人"经历了无数艰辛与血汗，才呈现给大家这样一座宏伟的紫禁城。故宫里的每一组院落、每一座宫殿建筑、每一扇朱漆大门、每一段石板桥梁、每一块青砖黄瓦、每一件宫廷陈设、每一幅梁枋彩画都承载着丰富的历史文化信息，讲述着发生在其中的过往。

1924年11月，末代皇帝溥仪被驱逐出宫。此后不到一年时间，1925年10月10日，紫禁城的大门打开了，向全体公众开放。究竟那天涌入了多少市民，今天没有详细的统计。但人们知道，当市民离开、关门的时候，被踩掉的鞋装了满满一筐。也就是说，500年间24位皇帝曾经生活过的地方，在1925年变成了一座博物馆。我想世界上很少有一块土地，人们给它赋予了这么多的文化责任，既有专业性职能，也有社会化功能。

当你踏入午门，一段奇妙的博物馆之旅已经开始，1.06平方千米用地和9000余间房屋构成了独一无二的博物馆空间格局，院内设有原状陈列、常设专馆、专题展览3大类。同时，故宫博物院还举办各类涉外展览，包括境外、境内的展览每年20余次，让全国乃至世界各地的观众了解故宫藏品、故宫文化。

如何判断故宫的价值？如何阐释故宫博物院的内涵？不同历史时期的故宫博物院院长各有见解。20世纪50年代，吴仲超先生将故宫博物院定位为集历史艺术、古建筑、宫廷三大体系于一体的综合型古代艺术博物馆；80年代，张忠培先生将故宫博物院定位为以明清宫廷历史、宫殿建筑和古代艺术为主要内容的综合性博物院；21世纪初期，郑欣淼先生为故宫博物院规划了两条发展道路：以完整故宫保管理念指导文物保护及博物院管理，同时在故宫学框架内推动学术研究，建构学科体系。

2012年初，我来到故宫博物院，成为一名真正的"故宫人"。

故宫大修

在不断的走访、研究和实践中，我深刻地感受到故宫博物院工作的细致、复杂和敏感，院里开展的每一项工作，往往面临着"两难"的境地，需要"左顾右盼"，三思而后行。庞大的古建筑群、馆藏文物和观众，使我们在遗产保护、管理与利用中处处面对矛盾、受到制约；经济发展、城市建设对故宫周边环境的影响，以及公众对文化与社会教育的更多需求，也加重了故宫博物院的压力与责任。这一切构成的挑战，无疑是世界级的。

什么是世界一流的博物馆？我认为，故宫博物院要成为世界一流博物馆须具备四大条件：有与时俱进的发展理念和前沿知识、有不断汇聚的专家学者和专业人才、有引领发展的学术水准和科研成果、有功能强大的传播平台和互动机制。而这一切的前提，是保证故宫博物院的绝对安全。通过古建筑整体修缮、"平安故宫"工程建设、文物普查清理，解决最紧急、最关键的安全问题，让古建筑和文物保持健康安全的状态。故宫古建筑整体保护修缮工程被称为"百年大修"，举世瞩目，意义非凡。随着时间的推移，工程向古建筑更为密集的区域推进，不仅保护了古建筑群，也为扩大开放面积、提高展藏比例奠定基础。

文物是传统文化的重要载体，挖掘其承载的文化，破译其所蕴含的精神，是博物馆学术机构的职责与使命。2005 年，故宫博物院成立了"古陶瓷研究中心"和"古书画研究中心"，其研究对象主要是故宫博物院收藏的 36.7 万件古陶瓷类文物、古窑址采集的六七万片古陶瓷标本、清宫遗留下来的万余片陶瓷标本以及世界各地收藏的中国古代陶瓷。2013 年 10 月，故宫研究院成立，张忠培先生担任故宫研究院名誉院长，郑欣淼先生担任院长。在故宫研究院旗下，经过整合、充实和补充，已有研究室、博士后科研工作站、故宫学研究所、考古研究所、古文献研究所、明清宫廷历史档案研究所等共 1 室 1 站 26 所，基本完成了故宫学术的总体布局和机构建设。

学术研究最重要的就是人才，故宫博物院建院之初，就明确提出要"多延揽学者专家，为学术公开张本"，集中并吸引了一批一流的专家和学者。20 世纪 50 年代后，唐兰、罗福颐、陈万里、冯先铭、单士元、于倬云、刘九庵、朱家溍、徐邦达等一批享誉海内外的专家学者活跃在这里。

著名陶瓷专家耿宝昌先生 1956 年来到故宫博物院，自此一直在故宫工作。60 多年来，耿先生始终保持着对事业的热爱，也保持着对故宫的真情。虽已年过 90，但他仍在主持编写《中国陶瓷史》，

│故宫儿童文化创意体验店

在 2015 年故宫博物院 90 周年院庆的陶瓷展览中，他还积极主导"清淡含蓄——故宫博物院汝窑瓷器展""月染秋水——陈国桢捐赠暨珍藏越窑青瓷展"。可以说，耿先生就是故宫众多大师的代表，是故宫压箱底的"宝贝"。

近年来，故宫博物院专家学者成绩斐然，斩获诸多奖项。如于坚、郑珉中、耿宝昌、徐邦达 4 位老专家获得"中国文物、博物馆事业杰出人物"荣誉称号。故宫博物院的这些专家学者，不仅一生勤奋治学、严谨治学，而且诲人不倦，乐于奖掖后进，培养了一代又一代学人。他们共同体现了"故宫人"的特征，那就是热爱故宫，以故宫为荣，为故宫博物院的发展做无私的贡献，严谨认真，努力做好本职工作，面向社会，为大众服务。

文化传播、社会教育是现代博物馆的重要职责。故宫是大家的故宫，世界的故宫。通过改造环境、限流分流、举办公共讲座、建立文化创意实体店、出版故宫特色图书、建设数字故宫社区的方式，改善观众体验，提升公众教育品质。故宫博物院也与政府、大学、研究院、文化集团等多家机构合作，合作内容涉及文物陈列展览、藏品科技保护、文化创意产品研发、文物博物馆领域人才培养、传统文化教育、数字技术应用等多个层面。

多年来，故宫博物院形成以原状陈列为核心，精品常设展览为亮点，专题展览精彩不断，传统展陈与数字效果相结合的展览格局，全面提升博物馆氛围与展陈效果，使观众的认知从"故宫"真正转向"故宫博物院"。

尾声
文化遗产的大众传播永远在路上

如果用一句话来概括世界遗产保护工作，我会套用那句老话——在路上。如果再用一句话来概括《万里走单骑》第二季，我会加上一个前缀：文化遗产的大众传播永远在路上。

在我国，文化遗产的影视化传播起步于半个多世纪之前。1958年，有一部纪录片《地下宫殿》令我印象深刻。那时我还很小，跟随大人去看《地道战》《地雷战》《南征北战》等电影时，电影放映之前播的夹片内容就是《地下宫殿》，讲述的是我国第一个有计划地主动发掘的帝王陵墓——定陵的故事，对中国现代考古工作意义重大。据说当时拍摄这部纪录片是非常艰难的，中科院考古研究所所长联系中央新闻纪录电影制片厂进行拍摄，后来这部片子不仅在国内极有影响，在世界上也产生了非常大的影响。关于定陵的发掘，还出版了一本纪实性图书《风雪定陵》，我的一篇文章《怀念赵其昌同志》也被收入这本书的附录中。

1983年8月7日中央电视台首播的关于长江沿岸人文地理的25集纪录片《话说长江》引起很大反响，这是改革开放以后第一部影响巨大的纪录片。主持人陈铎老师先后收到了1万多封评价内容，也表示感谢的群众来信。在当时需要贴邮票寄信的情况下能有那么多的来信，说明纪录片的影响程度巨大。这些信件相当于现在说的弹幕，是媒体平台早期的互动形式。

2012 年我来到故宫，之后经历了几个印象很深的节目。包括 2012 年的 100 集历史纪录片《故宫 100》，通过 100 集每集 6 分钟的短纪录片节目，讲述故宫 100 座建筑的故事，最终获得了第 26 届中国电视金鹰奖优秀电视纪录片奖及最佳电视纪录片摄像奖。2016 年，一部慢节奏的纪录片《我在故宫修文物》吸引了大量年轻人将目光投向文物修复工作。儒雅的钟表修复师王津老师本色出镜，什么都没演，却获得了美国国际电影节杰出贡献白金奖，这就是文化传播的力量。2017 年故宫和中央电视台携手制作《国家宝藏》，2018 年我们又跟北京电视台推出真人秀节目《上新了·故宫》。这些节目的成功，给我们传播文化遗产带来很大启发。

在录制《万里走单骑》节目第一季时，我们的目标就是要把遗产的故事讲好，特别是通过讲述亲身的经历，吸引大众关注世界遗产。因为第一季播出以后得到了一些鼓励，所以第二季就显得没那么轻松了。

首先，我想到的就是一定要对得起世界遗产。中华大地上的世界遗产是 5000 年文明的精华，是得到世界公认的人类共同遗产中具有突出普遍价值的一部分。通过一个小时的节目，把博大精深的百科全书式的世界遗产真实、完整地呈现出来，难度很大。如果拍不好，就对不起这些世界遗产应有的尊严、身份以及内涵，这是最难的，也是压力最大的。

其次，如果拍不好，就对不起喜欢我们节目的民众。如同"紫禁城里过大年""紫禁城上元之夜""中华老字号进故宫"等活动一样，我们希望通过节目让人们感受到遗产是生活中的一部分，要热爱，要去体验。在当下，越来越多的年轻人开始关注遗产对他们的知识结构和现实生活的影响，所以关注度多了，我们压力也就更大了。

最后，要对得起支持我们的有关单位，比如联合国教科文组织驻华代表处、国家广播电视总局宣传司、清华大学文化创意发展研究院、中国社会科学院新闻与传播研究所等。第二季的支持单位更多，包括国家文物局、文化和旅游部资源开发司、共青团中央等都给了我们很大鼓励。我觉得要对得起他们的期盼，也要对得起每一季节目所走过的 12 处遗产地的支持和期盼。

在我退休前，中宣部和国新办为我颁发了"讲好中国故事文化交流使者"证书。如何能不辱使命，做好贡献，这也是我退休以来一直思考的问题。我的学术背景从本科到博士都是建筑学，但是长期以来从事的是城市规划工作，后来先后在北京市文物局、国家文物局、故宫博物院任职。我的工作领域很发散，但是我的老师吴良镛教授为我指明了一个方向。他说通过客观的汇总，扬长避短，把学习的内容、工作经历做融贯的综合研究，从一个视角看另一个方面，这样会有更多的收获。

文化遗产的大众传播也需要融贯的综合手段。文化节目的优势在于传播范围更大，比如《万里走单骑》第二季连续多次斩获同时段电视节目收视率第一，新浪微博节目主话题"万里走单骑"阅读量超 8.3 亿次，相关视频播放量 6.3 亿多次。这些年我在各地做过近千场讲座，每一次大家都很热情，虽然讲座传播范围有限，但现场的交流能带来更专注、更投入的体验，互动印象也更深刻。以书为媒的交流，与文化节目和讲座又有不同。见字如面，开卷有益，这种交流更含蓄、更持久，也更具深沉的力量。远如《地下宫殿》

和《风雪定陵》的时空互动，近如《万里走单骑》的图书和节目，以至讲座和文化活动，都是多种方式的融贯传播。

对于我来说，一生只做一件事情——就是文化遗产保护，而做一件事情会有很多的题材和表现形式，所以我要做的事情还有很多。一个人的传播力量终究有限，最重要的，还是要让更多人了解文化遗产、喜爱文化遗产，从而自觉加入传播文化遗产的行列中来。通过这种"裂变"式的传播，文化遗产所承载的文化力量，一定会以更鲜活的姿态传承下去。